LA CASA DE MIS ABUELOS

Glenda Celeste Paz Briones

Reservados todos los derechos. No se permite la reproducción total o parcial de esta obra, ni su incorporación a un sistema informático, ni su transmisión en cualquier forma o por cualquier medio (electrónico, mecánico, fotocopia, grabación u otros) sin autorización previa y por escrito de los titulares del copyright, excepto breves citas y con la fuente identificada correctamente. La infracción de dichos derechos puede constituir un delito contra la propiedad intelectual.

El contenido de esta obra es responsabilidad del autor y no refleja necesariamente las opiniones de la casa editora. Todos los textos e imágenes fueron proporcionados por el autor, quien es el único responsable por los derechos de los mismos.

Publicado por Ibukku, LLC
www.ibukku.com
Diseño de portada: Ángel Flores Guerra Bistrain
Diseño y maquetación: Diana Patricia González Juárez
Copyright © 2023 Glenda Celeste Paz Briones
ISBN Paperback: 978-1-68574-685-8
ISBN Hardcover: 978-1-68574-687-2
ISBN eBook: 978-1-68574-686-5

Índice

Mis abuelos paternos	5
Dedicatoria	7
Prólogo	9
Introducción	13
La casa de mis abuelos paternos: su origen	17
Mis abuelos y bisabuelos paternos	19
Familia reconocida	25
Nena y su bisabuela Jesús	31
Familia Paz - Madrid	35
Mi llegada a la casona	37
Nuevo morador en la casona	51
Días sensacionales	55
Inolvidables fiestas	57
Momentos fuera de la casona	61
Durmiendo en la casona	65
Visitante permanente	73
De la casona a la escuela	75
Luisitos y Luisitas	79
La abuela y sus vecinas	81
Duros momentos	83
Llegada de «Oto Pan»	*85*
Triste partida	89
El principio del fin	91

Temor hecho realidad	103
Asombroso acontecimiento	107
Más tristezas	109
Rumores	113
Sueño cumplido	117
Descendientes de la familia Paz-Madrid	119
La casa de mis abuelos maternos	121
Mis abuelos maternos	123
La casa de la carretera	125
Buenas nuevas	127
Tiempos de separación	129
Más aventuras	131
Malas noticias	135
Paseando con mi abuela Vila	139
Mi bisabuela Juliana	141
Juliana, mi amorosa bisabuela materna	143
Descendientes de la familia Briones-Paredes	145
Bibliografía	147
Conclusiones	149
Glosario	151
Acerca de la autora	153

Mis abuelos paternos

Eligio Paz Paredes y Celestina Madrid Madrid

Dedicatoria

La presente obra fue escrita con mucho amor y nostalgia para dejar constancia, a través del tiempo, de la existencia de las familias en ella mencionadas y del lugar donde sucedieron los hechos.

La dedico a mis hijos, a mis padres, hermanos, amigos y demás familiares, especialmente a mis amados abuelos y bisabuelos, a los que viven y a los que ya no están físicamente, con los que he compartido los mejores momentos de mi vida, los cuales, si pudiera retroceder en el tiempo, volvería a vivir sin dudarlo.

A través de mi narración de hechos hago un sentido homenaje al pueblo que me vio nacer y crecer: un hermoso lugar, olvidado por los entes gubernamentales, alejado de las grandes ciudades y que aún conserva rasgos de ruralidad que lo exhiben como uno de los municipios más atrasados del departamento; pero que, gracias a esta condición, a la vez, posee inmensa riqueza natural que está siendo amenazada por intereses mezquinos y por falta de conciencia ambiental.

Esta característica localidad fue testigo de mis aventuras, carencias, alegrías y penas durante la infancia y adolescencia.

Cada episodio aquí narrado es real, fue vivido, disfrutado y sufrido. Compartir cada recuerdo y acontecimiento es una forma de celebrar a la vida que, aun con los sinsabores que nos hace probar, dispone de un suculento menú para que escojamos lo que queremos y lo que merecemos.

Agradezco al Todopoderoso por permitirme realizar el sueño de escribir mi primer libro relatando mis vivencias al lado de mis abuelos y bisabuelos y por el privilegio que me brindó de haber nacido en el seno de tan prestigiosas familias que, hoy por hoy, son un ejemplo de superación y honradez en el municipio de Concepción del Norte, departamento de Santa Bárbara, Honduras, en Centroamérica.

Prólogo

Estudios científicos han demostrado que el papel de los abuelos en la vida de los nietos es determinante y que va más allá de estar a cargo de su cuidado mientras los padres trabajan o debido a cualquier otra circunstancia. Son ellos los que, a través de su amor, paciencia y ternura, influencian hasta las decisiones más importantes en la vida adulta de sus nietos.

La convivencia con los abuelos contribuye al desarrollo y equilibrio emocional de los nietos al relacionarse con personas de diferentes generaciones.

Los abuelos transmiten valores como el respeto, la lealtad, la responsabilidad, el amor, la honestidad, el esfuerzo y el amor, entre muchos otros. Estos valores convertirán a los nietos en adultos resilientes y responsables.

Para los abuelos esta armonía con sus nietos les da felicidad, alivia su soledad y les ayuda a prevenir estados depresivos por la sensación de abandono.

En mi caso, estuve en contacto toda mi infancia y adolescencia con mis bisabuelos y abuelos paternos y maternos, recibí de ellos valores que he ejercitado y que hoy sé que me han ayudado a ser un mejor ser humano. Atesoro en mi mente y en mi corazón cada una de sus enseñanzas, las que, con certeza, me acompañarán hasta el final de mis días.

Escribir este libro es una forma de agradecer a todos y cada uno de mis abuelos por todo su tiempo compartido conmigo.

A la vez, es el medio para resaltar el bienestar que provoca en un niño la cercanía con los abuelos, porque yo, efectivamente, fui feliz al lado de todos ellos y así lo doy a conocer sin reservas. Tengo la seguridad de haber sido amada por mis abuelos y de que ellos también se sintieron amados por mí.

Me regocijé en cada momento vivido y a mi edad no dudo que la interacción con ellos fue la mejor de todas mis experiencias.

Finalizando, es mi deseo motivar a los lectores a meditar sobre el tema del vínculo especial que se forma por la relación afectiva entre abuelos-nietos y enfatizar en los beneficios que esta representa para ambos participantes.

Para los abuelos, algunos beneficios son:

- **Aumenta su esperanza de vida**: diferentes estudios han comprobado que los abuelos que habitualmente cuidan a sus nietos suelen tener una esperanza de vida mayor a los que no lo hacen.

- **Reduce los niveles de estrés**: permanecer activo o solo con tener a alguien con quien conversar ya es motivo para olvidarse de los problemas de la vida diaria.

- **Propicia un estilo de vida más activo**: al involucrarse en variedad de actividades.

- **Minimiza los niveles de depresión**: al ser escuchado y atendido, un abuelo no tiene tiempo para estar triste.

- **Mejora el estado de bienestar general**: la alegría del tiempo compartido con sus nietos favorece la salud y el estado de bienestar.

- **Refuerza su autoestima**: sentirse amado, útil y tomado en cuenta hace que un abuelo aumente sus niveles de autoestima.

- **Descubrir nuevas experiencias**: el vínculo emocional que se crea entre abuelos y nietos es muy intenso. Llevarlos al colegio y recogerlos, prepararles la merienda, bañarlos, pasearlos por el parque son actividades que crean este vínculo.

- **Mejora su estado anímico**: un estudio de la Universidad de Oxford reveló que los abuelos que se relacionan frecuentemente con sus nietos tienden a padecer menos estados depresivos.

- **Ejercitación de habilidades cognitivas**: cuando los abuelos están al cuidado de los nietos, incluso les ayudan en el desarrollo de sus tareas escolares.

Beneficios que aportan los abuelos a los nietos:

- **Estrechos vínculos familiares**: las historias de los abuelos ayudan positivamente al desarrollo psicológico de los pequeños. Al contarles cómo eran sus padres, mejoran su empatía y hace que se sientan identificados. Comprenden que sentir temor o vergüenza es normal, que sus padres también lo sintieron.

- **Amor y cariño**: la llegada de los nietos les hace revivir sus momentos de juventud. Aman y cuidan a sus nietos como si se tratase de sus propios hijos, les brindan un afecto muy especial.

- **Fuente de enseñanza**: la admiración que los nietos sienten por sus abuelos hace que se conviertan en un ejemplo de vida. Sus experiencias amplias ayudan a que sus consejos y opiniones sean muy tomadas en cuenta.

- **Se divierten como niños**: el solo hecho de hacer reír a sus nietos es un gran aporte. Realizar actividades físicas resulta muy difícil, pero no imposible.

- **Tiempo y atención de calidad**: tienen mayor disponibilidad de tiempo, lo que les permite atender y escuchar a sus nietos.

Introducción

Esta obra detalla las experiencias de vida de una niña nacida en un pequeño pueblo al occidente de Honduras, en la década de los años 70. Su niñez giró en torno a sus abuelos y bisabuelos paternos y maternos; con los que compartió la mayor parte de su infancia y adolescencia, quienes la colmaron de amor y de atenciones.

Su convivencia con ellos creó un vínculo único, que ni con el paso del tiempo desapareció, solo se transformó en un sentimiento más fuerte y profundo, ya que la interacción fue permanente a lo largo de toda la vida.

En cada episodio narrado encontramos escenas de la vida diaria, en familia y entre amistades. Los eventos, en su mayoría, se desarrollan en el campo, en un ambiente rural y con paisajes propios de su tiempo. Muestra también las limitaciones de la población de tierra adentro, que día a día se esfuerza para sobrevivir debido a sus condiciones precarias.

Destaca la forma en que se divertían los niños en esa época: jugaban al aire libre, sin el uso de aparatos electrónicos, los que actualmente acaparan, casi por completo, el tiempo de ocio de la niñez.

Entre sus líneas, además, podemos detectar:

- La existencia de familias integradas y numerosas, rasgo distintivo de esos años.

- Que es en la niñez donde se fomentan valores como el amor, la solidaridad, el respeto y la amistad, entre otros.

- La dimensión del papel protagónico de los abuelos en la vida de sus nietos.
- El amor demostrado a los adultos mayores y a los animales.
- La transmisión de creencias de generación en generación.
- El daño irreversible que ocasiona el alcoholismo en la familia.
- Estrechos vínculos familiares.
- El efecto negativo de las decisiones de los padres en la salud emocional de sus hijos.

Vista panorámica del municipio de Concepción del Norte, Santa Bárbara

La casa de mis abuelos paternos: su origen

Entrando al municipio de Concepción del Norte, por la calle principal, es inevitable dirigir la mirada hacia la casona de esquina, de dos plantas, construida con adobes y maderas preciosas, con acera alrededor. Luce como si el tiempo no pudiera hacerle daño, conservando en sí misma un cúmulo de memorias que la convierte en icono del lugar. Eso y más es la casa de mis abuelos paternos, donde viví los momentos más memorables de mi vida.

Fue construida sobre los cimientos de la primera casa del joven Eligio Paz Paredes, a mediados de la década de los años 30. No fue diseñada por ningún profesional de la ingeniería, sino por albañiles que hicieron derroche de sus inigualables destrezas y habilidades en el arte del diseño de estructuras de esa época.

Se encuentra ubicada en el centro de la comunidad, lo que le proporciona una posición envidiable para visualizar el poblado casi por completo y para disfrutar observando el verde paisaje que lo rodea.

Además, está construida con madera de color de la mejor calidad, traída directamente de las montañas del pueblo. Las paredes interiores y exteriores, las escaleras que conducen al segundo nivel, así como el piso de la planta alta fueron hechos con esta madera, que, a pesar de la inclemencia del tiempo, aproximadamente a sus 87 años de haber sido edificada, la mantiene incólume, solo con algunos daños ocasionados por la falta de mantenimiento.

La planta baja la construyeron con adobes que han resistido el embate del tiempo porque aún siguen sosteniendo la vieja estructura de madera colocada sobre ellos. Su piso era de tierra, posteriormente le mandaron a instalar piso de cemento.

Las puertas y ventanas de doble hoja la distinguen de las demás casas, le dan un toque de originalidad y elegancia. Posee, además, un corredor en forma de L alrededor de la sala y habitaciones.

Me contaba mi abuela Celestina que su tío Gabriel le ayudó a construir la casona. Para ello utilizaron madera de color, clavos, tejas de barro, piedras, varillas de hierro, cemento, ladrillos y adobes que ellos mismos elaboraron con tierra y hojas del árbol de pino. «Estas hojas sirvieron para mejorar el amarre del barro y hacerlo más resistente», según lo expresó.

«La acera alrededor de la casona la construyó solo mi tío Gabriel y sigue como si la hubiera hecho ayer, ni grietas tiene», comentaba orgullosa mi abuela.

La casona cuenta con un amplio patio cultivado con gran variedad de árboles frutales que sirven de refugio y alimento a las aves y otros animales como ardillas, tlacuaches y culebras.

Su techo de tejas hace que la casona posea un ambiente fresco y si las puertas y ventanas están abiertas, el viento que sopla hace que sea mucho más agradable.

Mientras la construían, habitaron en una vivienda de madera ubicada en la misma calle. Esta casa le pertenecía a mi bisabuelo Salomé y después pasó a ser propiedad de Rubén Paz, sobrino del abuelo Eligio. Al terminar de construir la casona se mudaron y ahí nacieron y crecieron la mayoría de sus hijos. Los abuelos vivieron en ella hasta el fin de sus días.

Mis abuelos y bisabuelos paternos

Desde su casa de madera donde tenía un establecimiento comercial, en el que se dedicaba a la venta de telas para confeccionar ropa, el joven Eligio, por las mañanas, observaba a una hermosa maestra que impartía clases en la escuela, la que estaba situada entre la plaza pública del pueblo y su negocio. Indagó sobre quién era la joven y se propuso conquistarla. Supo que vivía en la montaña, con sus padres, en una finca llamada El Juncal. Realizó varios viajes para poder verla, pero no se dio el encuentro que deseaba. Pasaron varios días y la maestra no asistió a impartir el pan del saber. Esta situación inquietó al joven enamorado y al preguntar por las razones de su ausencia, se enteró de que estaba enferma.

Ideó entonces ir en busca de un médico naturista y llevarlo hasta la casa de su amada. Ensilló dos bestias, una para él y otra para el doctor. Emprendió el viaje hacia Chinda, un poblado cercano, lugar donde residía el naturista amigo suyo y que había conocido en los viajes que realizaba para abastecerse de mercadería. Al llegar le planteó el problema y el médico le preguntó que por qué él andaba buscando atención médica para la muchacha y no el padre de esta. El viajero le explicó que estaba muy enamorado de la joven enferma, pero que no hallaba el momento oportuno para declarársele y que, en vez de agradarla con una serenata, prefería llevarle a un médico que la curara de su enfermedad. El conmovido doctor accedió a ir con él. En el camino el experto en hierbas orquestó una estrategia para que el enamorado pudiera hablar con la joven.—Yo voy a entrar primero, la voy a examinar y le indicaré que se tome un té de hierbas, luego que descanse un rato. Ese té le va a dar apetito, así que le recomendaré que le preparen un atole que usted le dará —dijo el naturista. Y todo lo planeado lo ejecutaron al arribar al Juncal.

«La Niña Celestina», como la llamaba el joven comerciante, después de la revisión médica, tomó el té, descansó y al despertar sintió mucha hambre. Le preguntaron si quería que Eligio le diera el atole que le había recomendado el naturista y que ya estaba preparado. Con la cabeza asintió, así que el enamorado entró a su recámara y le dio el atole a cucharadas. Luego de este hecho, la joven convaleciente agradeció al doctor y a Eligio por sus atenciones hacia ella. Los dos hombres abandonaron la finca y se dirigieron al pueblo. Al siguiente día, Eligio regresó al Juncal, le declaró su amor a la Niña Celestina y ella le dio el sí, pero con la condición de que dejara de ser mujeriego. Los padres de la muchacha le dieron permiso para visitarla y también lo condicionaron, ya que el joven tenía fama de ser picaflor. Después de lograr su objetivo, el joven Eligio le pagó al doctor por sus servicios y lo llevó de regreso a su pueblo. Estos hechos me los contó el esposo de la tía Celestina, Lucas Maldonado, quien conversaba mucho con mi abuelo.

Ambos enamorados nacieron en Concepción del Norte. El abuelo Eligio Paz Paredes nació el 15 de junio de 1900 y la abuela Celestina Madrid Madrid, el 7 de abril de 1913. Tras varios meses de noviazgo, se casaron en 1935, cuando ella tenía 22 años y el abuelo contaba ya con 35 años. Mi abuelo era un hombre de baja estatura, pero muy guapo, delgado y de tez clara. La abuela tenía su cabello largo, de color castaño muy claro, alta, esbelta y de tez blanca. Era una muchacha muy bonita. Así lo pude confirmar en retratos de su juventud.

El abuelo Eligio ya había estado casado, pero se separó porque fue víctima de un atentado contra su vida por parte de su cónyuge. Afortunadamente pudo salir ileso. De esa relación nacieron dos hijos: Elías Paz y Casiano Paz.

Contaba el historiador del pueblo, don Raúl Hernández (D. E. P.), que el abuelo de Eligio Paz Paredes, Potenciano Paz, no era nativo de Concepción del Norte, sino que llegó de Trinidad, un municipio aledaño, buscando pasto para alimentar su ganado. Luego le agradó la idea de establecerse en el lugar y se mudó.

Antes de ser declarado municipio en 1875, Concepción del Norte era un caserío que pertenecía al municipio de Trinidad. Mi abuelo Eligio mencionaba que su papá le contó que lo llamaban El Cacao, por la abundancia de estas frutas en sus tierras, pero según registros históricos, solo se llamaba Concepción en referencia a la Virgen de la Inmaculada Concepción. Posteriormente le añadieron del Norte, por su posición geográfica.

Salomé Paz y Victoriana Paredes eran los padres del abuelo Eligio. El bisabuelo Salomé era un hombre alto, delgado y muy elegante. Mi abuelo conservaba un gran retrato de su papá colgado en una de las habitaciones y ahí lo conocí. Él mencionaba que su madre había muerto cuando era un niño de dos o tres años, por eso no la recordaba.

Por su parte, los padres de la abuela Celestina, Guillermo Madrid y María de Jesús Madrid Corea tenían orígenes diferentes. Los descendientes de don Guillermo eran españoles, los de la bisabuela Jesús, intibucanos.

«El bisabuelo Guillermo era un hombre muy alto, fornido, ojos color miel, de tez blanca y cabello rubio. Era galán, muy platicador y le gustaba el trago», me comentó el tío Silas. No lo conocí porque murió en 1974 cuando apenas tenía un año de nacida. Mi abuela tenía un retrato suyo en la sala, ahí me familiaricé con él. La primera vez que lo vi, creí que era el tío Enrique y le pregunté:

—¿Quién es el señor de la fotografía, abuela?

—Es mi papá —me dijo.

—El tío Quique se parece mucho a él —le comenté.

—Sí, de todos sus hijos, es el que más parecido tiene —me confirmó. Así fue como me enteré de quién fue mi bisabuelo Guillermo.

En 1936 nació el primer hijo varón de los abuelos Paz-Madrid. En total los abuelos procrearon 10 hijos y por orden de nacimiento son: Juan Adalberto, Eligio, Rosa Mélida, Hildegardo, Céleo Francisco,

Ramón Heliodoro, Celestina Elisabet, Nohemí Victoriana, Joel David y Silas Elvin Paz Madrid.

«Desde aquí miraba yo a tu abuela Juliana cargando a tu abuela Vila, ahí por el árbol de yuyubas», me aseguraba mi abuela Tina, haciendo remembranza de que su hijo mayor nació el mismo año que la hija mayor de mi bisabuela Juliana; los que después serían mi tío paterno, Juan Adalberto y mi abuela materna, respectivamente.

La abuela fue una madre ejemplar, extremadamente cuidadosa. Me contó que cuando sus hijos eran pequeños nunca les dio de comer frijoles con cáscara porque temía que les causara algún daño en el estómago.

Como eran varios niños los que tenía que alimentar no podía sola con tanto oficio en la casona. Hubo que contratar a una niñera que se ocupaba de pelar cada frijol que se comían los niños. Neri Paredes realizó por años esta labor entre otras. «Pasaba horas y horas pelando frijoles», mencionó la abuela.

Las hijas del tío Guillermo, Lorena, Yolanda, América y Melva, realizaron estudios en la escuela primaria del pueblo, tiempo durante el cual estuvieron viviendo con mis abuelos y les ayudaban en los quehaceres de la casona.

Realmente la abuela fue una madre abnegada. Me dio detalles de cómo le corrigió a mi papá un defecto en sus pies.

«Galito nació con los pies volteados hacia los lados, con dos pedazos de madera se los arreglé; se los amarré y durante unos meses anduvo entablillado, hasta que se curó. Lo hice yo porque para llevarlo al médico tenía que irme caminando o a caballo por un sendero, no había carretera; además no teníamos el dinero necesario», comentó.

Luego de saber eso entendí por qué mi papá era de pies planos.

La tía Rosa me platicó sobre un incidente que se dio en la casona y que casi la hace arder.

«Una noche, mis papás dejaron a Céleo cuidando a Moncho, Tina y a Nohemí, mientras Galo y yo los acompañábamos a la iglesia. Como estaban aburridos, a Céleo se le ocurrió la idea de sacar unas tiras de tela de una ropa vieja que tenía guardada mi mamá. Las mojaron con gas del candil con el que se estaban alumbrando y les prendieron fuego. Los lanzaron a las vigas del techo. Vale más que solo quemaron la parte de arriba de un ropero. Al llegar nuestros padres y ver el desorden de trapos quemados y el humo se asustaron mucho, así que hicieron confesar al que tomó la iniciativa, y fue Céleo. Los dos lo castigaron. Le dieron un castigo modelo para que ni siquiera lo volviera a pensar», recordó la tía.

Familia reconocida

Pero ¿cómo la familia Paz-Madrid llegó a ser reconocida en la zona? Esta familia fue una de las primeras que pobló la comunidad y logró poseer grandes extensiones de tierra, en las que cultivaban variedad de granos, especialmente café.

Relataba mi padre Hildegardo que, en los primeros años de matrimonio, la pareja se dedicaba a vender telas y otros productos. También cultivaban maíz y frijoles en sus terrenos, para luego comercializarlos. Criaban cerdos para posteriormente vender su carne.

Mi papá narraba que él estaba estudiando Magisterio en la escuela de varones de Comayagua y en las vacaciones se iba para el pueblo. En una de esas vacaciones les confesó a sus padres que ya no quería regresar al sitio donde estaba estudiando, que se quería quedar en el pueblo.

Entonces los abuelos lo dejaron en la casona, pero, a cambio, tenía que alimentar a los cerdos, ir a traer en burro las cargas de maíz y frijoles al potrero, almacenar el maíz, desgranarlo y aporrear frijoles. Tanto era el trabajo que él mejor retrocedió en su decisión de quedarse. «Lo hicimos porque queríamos que comprobara que el trabajo en el campo es duro», aseveró la abuela.

Regresó para continuar con sus estudios hasta obtener el título de maestro de Educación Primaria en la Escuela de Varones El Edén, de Comayagua. Y no se fue solo, el tío Céleo lo acompañó y él también se graduó de maestro. Desde entonces los dos hermanos fueron muy cercanos, casi inseparables, estudiaron juntos, se graduaron juntos, trabajaban juntos... solo la muerte los separó.

Como el almacén de telas y la pulpería estaban situados en el centro del pueblo, tenía muchos clientes. «Tenían de todo, ahí compraba kilos de manteca en unos grandes tambos de plástico y me iba para La Montañita», recuerda mi abuelo Chico, quien era su fiel cliente.

El refrigerador que usaban en la pulpería funcionaba a gas kerosén. Era uno de los pocos que había en el pueblo, sino es que el único. Fue traído a lomo de hombres que lo cargaron desde un poblado llamado Cofradía.

Relataba la abuela que cerraron el almacén de telas y la pulpería porque ella les dio crédito a varias personas y no le pagaron. Este hecho los llevó a la quiebra, luego de tener el negocio más próspero del municipio.

Después de este acto, se dio un terrible acontecimiento. Su hermano menor Eduardo, que vivía con ella, al que amorosamente llamaba Guayo, se quitó la vida usando una pistola que ella guardaba en su habitación.

«Yo lo cuidé por unos días, pero murió», se lamentaba la abuela. Narraba que un día, Eduardo fue a la Quebradona a ver a su novia que estaba lavando ropa, pero cuál fue su sorpresa: que la encontró acompañada de otro joven. Eduardo enloqueció de celos y regresó a la casona, tomó el arma de mis abuelos y nuevamente se marchó al sitio.

Le disparó a la muchacha y esta cayó en medio de las piedras y el agua del arroyo. Él, al ver a su amada ensangrentada, la creyó muerta y se retiró del lugar. Iba caminando de regreso a la casona, nervioso, en estado de *shock* por lo que hizo. Detuvo su marcha y frente al campo de fútbol se infirió un certero balazo en la sien. La novia sobrevivió, solo recibió el roce de la bala y se desmayó del susto, pero Eduardo no; a pesar de los cuidados que le dio su hermana, murió pasados unos días.

La abuela se culpaba a sí misma por no haberse dado cuenta del momento en que su hermano menor llegó a la casa a traer el arma. «Si yo lo hubiera visto, no lo dejo salir, pero por estar ocupada no supe», se quejaba.

«Desde ese día, nunca más permitimos el ingreso de armas a la casa y vendimos la que teníamos», confesó la abuela.

Posteriormente, en el recinto donde estaba el almacén y la pulpería, instalaron una mesa de billar a la que muchas personas llegaban a jugar y pagaban su juego. Dicha mesa también fue llevada a lomo de hombres que la cargaron desde Villanueva, Cortés, según relató el tío Céleo.

Así lograron educar a sus hijos. Estudiaron los que así lo quisieron. El hijo mayor, Juan Adalberto, un día tomó una bolsa y empacó unas dos o tres mudadas y se fue del pueblo. Cuenta mi abuelo materno Francisco Briones, que él lo encontró allí por la Piedra del Garrobo un día que regresaba del río con unas bestias cargadas de maíz. Iba caminando con una bolsa en la espalda, lo reconoció y le preguntó para dónde iba, a lo que respondió que se dirigía hacia San Pedro Sula.

En esa ciudad estuvo trabajando en lo que fuera, hasta vendía periódicos. Logró terminar sus estudios de Plan Básico y su Bachillerato en Ciencias y Letras.

También le gustaba el fútbol, era su pasatiempo favorito y logró colocarse en un equipo de la primera división. Fue jugador del Real España, de San Pedro Sula.

El tío Juan estaba decidido a salir adelante. Se desempeñó como diseñador. Él, sin ser ingeniero de profesión, fue quien diseñó los planos para construir el puente que está sobre el río Chamelecón y que une las ciudades de Villanueva y San Pedro Sula, en el departamento de Cortés.

Era un joven muy aplicado, eso le ayudó a ganarse una beca para ir a Rusia a estudiar Medicina en la reconocida Universidad Patrice Lumumba. Y lo logró, a su regreso al país ya era doctor en Medicina. Además, retornó acompañado, en Rusia se casó con una hermosa enfermera llamada Tania Gorelov.

Ejerció la noble profesión de médico. Durante muchos años laboró para hospitales públicos, donde era reconocido por su amable trato a los pacientes. Cuando estaba en el pueblo y las personas lo buscaban para consultas médicas, él los atendía, iba a la casa a ver a los enfermos y no les cobraba por sus atenciones.

«Yo viajé por toda Europa, lavaba platos en los restaurantes para costear mis viajes y como ese continente es pequeño, en tren fácilmente se puede recorrer», explicaba el tío Juan mientras mostraba fotografías que sustentaban sus palabras. Aprendió ruso durante su estadía en la universidad, lo dominaba muy bien.

El tío Eligio estudió Magisterio. Tenía fama de ser muy estricto con sus estudiantes. Con los años se trasladó a San Francisco, Atlántida, donde laboró en un centro educativo de segunda enseñanza, con vocación agrícola. Otra característica propia de él era que comía muy despacio. Nada ni nadie lo hacía comer rápido. Se levantaba temprano para evitar llegar tarde a su trabajo por estar comiendo. Tanto del tío Eligio, como del tío Juan, admiré su entrega y amor hacia sus padres.

Las tías Celestina y Nohemí también estudiaron. Primeramente, se graduaron como maestras. La tía Celestina obtuvo una especialidad en preescolar y la tía Nohemí estudió Medicina en la Universidad Nacional Autónoma de Honduras. Viajó a México donde obtuvo la especialización en Medicina y cirugía. En 1985 cuando se dio un terrible terremoto, ella estaba en el Distrito Federal, el que fue muy afectado por el telúrico. Fueron momentos muy tensos porque durante varios días, la familia perdió contacto con la tía, pero finalmente supimos que se encontraba bien.

A la tía Rosa Mélida sus padres la hicieron que decidiera si quería estudiar o casarse. Ella eligió casarse. Fue la primera en contraer matrimonio de todos sus hijos. Con tan solo 16 años se casó con Hernán Hernández. Su suegra, Dermidia López, le enseñó a costurar. Confeccionaba muy bonita ropa. Era mi modista favorita.

El tío Ramón también estudió. Terminó sus estudios de Perito Mercantil; posteriormente obtuvo los títulos de licenciado en Administración de Empresas y en Derecho.

Los hijos varones menores, los tíos Joel y Silas, culminaron sus estudios: Joel se graduó de Bachiller en Ciencias y letras, también fue un destacado futbolista; Silas se inclinó por el Magisterio y específicamente se convirtió en maestro de Educación Física. ¡Qué orgullosos estaban los abuelos!

En la sala de la casona había muchísimas fotografías que contaban esos logros de sus hijos. Los visitantes se mostraban curiosos al verlas. La abuela se pasaba largos ratos mirando esas fotografías. Se sentía complacida porque sus hijos estudiaron y obtuvieron títulos. Pero no todo era alegría para ella. En varias ocasiones la encontré llorando frente a la fotografía de sus padres.

Mi papá y mis tíos siempre mostraron una conducta de respeto y admiración hacia sus padres. Jamás les escuché una expresión inapropiada. El trato dado a sus progenitores fue excepcional, un digno ejemplo a imitar.

Nena y su bisabuela Jesús

Yo era muy pequeña, pero en mi memoria conservo imágenes de la muerte de mi bisabuela María de Jesús y el llanto de mi abuela, que todos los días por la tarde la iba a visitar y a prepararle comida. Ahí la veía porque yo también me dirigía a esa casa casi a la misma hora.

Mi bisabuela era una señora alta, robusta, de piel trigueña, de cabello largo, usaba faldas que casi le cubrían los pies. Tenía orígenes lencas, ya que sus antepasados eran originarios del departamento de Intibucá. Fue madre de 6 hijos: Celestina, Walberto, Guillermo, Eduardo, Trinidad y Enrique. Se la pasaba sentada en un mortero, colocado al revés. En él le quitaban la cáscara al café dando golpes con un mazo también de madera. Ya estaba anciana y había perdido completamente la visión, siempre andaba con lentes oscuros y con un bastón que no soltaba ni sentada. Vivía en una casa de madera, con un largo corredor. Ella permanecía sentada a un lado de la puerta, así que si alguien llegaba enseguida se daba cuenta al escuchar los pasos en el piso de madera. Rápidamente preguntaba:

—¿Quién anda ahí?

—Soy Nena, abuela —le respondía.

Mi madre me mandaba todas las tardes adonde la bisabuela Jesús a traer un embudo para echarle gas a unos candiles y así alumbrarnos en la casa.

—Abuela, dice mi mamá que le preste el embudo.

—Ahí está, Nena, a un lado en la hornilla —contestaba la bisabuela—. Ten cuidado, no te vayas a quemar en el comal —me indicaba.

Yo entraba a la cocina, con precaución me subía en una butaca, lo tomaba, me bajaba, me sacudía la tierra blanca de mi ropa —esta me quedaba por haberme arrimado a la hornilla— y me iba rápido para la casa antes de que oscureciera, porque no veía el camino y me daba mucho miedo la oscuridad.

Los candiles teníamos que usarlos porque todo quedaba en penumbras después de que Atanacio Paredes, conocido como Nacho y tío de mi mamá, apagaba un viejo motor que funcionaba con combustible fósil y que abastecía de energía al pueblo durante las primeras horas de la noche. Esta planta estaba situada detrás del edificio de la alcaldía municipal.

Un día, me entretuve platicando con mi bisabuela y me sorprendió la noche. Con el embudo en mis manos, sujetándolo fuerte para evitar que se me cayera, me fui caminando lo más rápido que pude, pero ya era tarde, la oscura noche había cubierto al pequeño pueblo. Mis piernas no daban para más rapidez. No veía nada en medio de aquella densa oscuridad, me fue imposible contener el miedo y empecé a llorar.

Don Rubén Paz, que estaba sentado en las gradas de la entrada de su casa, me escuchó y me preguntó;

—¿Por qué lloras, Nena?

—Porque ta culo —le dije, entre sollozos.

Entonces caminó hasta mí, me tomó de la mano y me fue a dejar a mi casa, que estaba como a unos 30 pasos de la suya.

Desde ese día y hasta el momento de su muerte, don Rubén siempre que me veía me recordaba ese hecho, sin dejar de reírse. Me decía: «¿Cómo está, Nena?», y él repetía lo que yo le contesté…

Nena era el sobrenombre que mi padre me dio por ser de baja estatura y muy apegada a él. Mi familia y la gente del pueblo solo me llamaban así, incluso desconocían mi nombre verdadero.

Me disgustaba esta situación. Estaba decidida a que todos conocieran mi lindo nombre. Un día, llegué a la pulpería de don Jacobo Paredes y me atendió su esposa doña Dimot.

—¿Qué vas a comprar, Nena? —dijo.

—No me diga así, por favor, mi nombre es Glenda Celeste —le sugerí. Compré y me fui.

Al siguiente día, regresé a la pulpería. Saludé y, como había más clientes comprando, esperé mi turno para ser atendida. Me distraje tanto viendo las enormes cabezas de repollo que estaban abajo del mostrador que no escuché cuando doña Dimot me llamó por mi verdadero nombre. Hasta que me nombró como Nena la escuché. «Ves que no haces caso cuando te llamo por tu nombre, yo mejor te seguiré diciendo Nena», afirmó la enfermera alemana, a la vez que reía por el incidente.

Mi tío Eligio contaba cómo murió la bisabuela Jesús: «Ella se cayó en su casa y se fracturó la cadera, estuvo unos días en cama —decía—. Como no mejoraba su estado, la llevé en un helicóptero a San Pedro Sula y la interné en una clínica. Solo yo andaba con ella».

«La dejé hospitalizada y fui a comprarle unos medicamentos que le recetaron. Me tardé mucho buscándolos de farmacia en farmacia, por lo que decidí regresar al hospital hasta el siguiente día. Al llegar, los doctores me estaban esperando con la infausta noticia de su muerte. No lo podía creer, ¡qué tristeza sentí!», expresaba el tío.

Siempre que hablaba con él del tema, se recriminaba a sí mismo por no haber estado con la abuela y evitar que muriera sola. A mi memoria vienen vacilantes imágenes de su entierro.

Mi abuela Celestina guardaba en la galera unos soportes de metal dorados que usaron para cargar el ataúd de la bisabuela Jesús. Cada vez que pasaba por el lugar y los miraba, irremediablemente lloraba. Evitaba verlos por los tristes recuerdos que representaban.

Familia Paz - Madrid

De derecha a izquierda y de pie están: Ramón Heliodoro, Celestina Elisabet, Eligio Paz Paredes (D. E. P.), Celestina Madrid Madrid (D. E. P.), Rosa Mélida, Nohemí Victoriana (D. E. P.), Juan Adalberto (D. E. P.) e Hildegardo Paz (D. E. P.).

De izquierda a derecha agachados aparecen: Eligio (D. E. P.), Céleo Francisco, Joel David y Silas Elvin.

Los domingos la familia Paz-Madrid se trasladaba a Villanueva Cortés o a otros lugares para participar en torneos de fútbol. Los tíos jugaban en el equipo de Concepción del Norte. Eran excelentes jugadores.

En una oportunidad la abuela fue electa madrina del torneo. Todos sus hijos la acompañaron para compartir ese momento que quedaría para la historia de la familia, tal y como lo muestra la anterior imagen.

Recuerdo que mis padres nos llevaban a mi hermana y a mí a presenciar los partidos. Nos sentábamos en la grama muy cerca de mi mamá, quien no nos perdía de vista. Así saboreábamos los dulces y otras golosinas que nos compraban. Nos íbamos todos en autobús, contemplando toda la belleza natural en nuestro recorrido. Estos momentos en familia los disfrutaba mucho, eran de los pocos eventos donde mi hermana y yo compartíamos con nuestros padres, abuelos y tíos. Regresábamos por la tarde al pueblo, justo a tiempo para cenar y luego dormir para levantarnos temprano e ir a la escuela.

Mi llegada a la casona

«A partir de mañana irás a la casa de tu abuela Tina todos los días porque ella está sola y no tiene quien le ayude en la casa y le haga los mandados». Una tarde, estas fueron las palabras de mi padre ante la mirada de asombro de mi madre, que prefirió no hablar para no llevarle la contraria.

Yo estaba tan contenta porque siempre quise alejarme de la casa de mis padres para huir de un problema que me angustiaba y que no le contaba ni a mi madre ni a mi padre, ni a nadie, por miedo, por vergüenza y temor a lo que me pasaría.

También deseaba irme para estar más cerca de mi abuela, yo la amaba mucho y sentía que ella me protegería, pero a la vez me preocupaba mi madre. Ahora que mi hermano tenía solo unos cuantos meses de nacido, necesitaba de mí y de mi hermana para colaborar en los quehaceres de la casa y cuidar al bebé. Pero pensé: «Mi hermana mayor se queda aquí, ella le ayudará».

Y así sucedió, yo siempre colaboraba con algunas actividades como barrer el piso de tierra de la casa con una escoba hecha de monte, al terminar echaba agua y hacía círculos con la mano en la tierra mojada, luego de recoger la basura. Sin embargo, a mi hermana le tocaba realizar la mayor parte del trabajo por permanecer más tiempo en la casa.

Así fue como dio inicio una de las etapas más bellas de mi vida: convivir con mis abuelos.

La emoción que sentía hizo que la noche fuera eterna, pero finalmente amaneció. Como vivía muy cerca de la casa de mi abuela, no fue necesario llevar mi ropa para allá. Llegué y ella me estaba esperando. También estaba el abuelo. Su alegría al verme fue evidente, su sonrisa me iluminó el día.

Las labores de la casona eran muchas, y la abuela, la mayor parte del día, se la pasaba en la cocina; para barrerla y mantenerla en orden no le quedaba tiempo. Preparaba exquisita comida. La abuela tenía sus manos ásperas y con la piel gruesa. La piel de sus dedos lucía maltratada porque con ellos volteaba las tortillas que cocinaba en un gran comal.

Barrer la casa y el patio era una labor agotadora, ya que eran dos pisos y el patio era demasiado grande para una niña de apenas 8 años. Pero la edad no me impidió desarrollar estas actividades que disfrutaba a lo grande. Ayudar a mi abuela era mi mayor deseo, el cansancio no importaba.

¡Cuánto me gustaba barrer el corredor y el patio!

Después de barrer el patio, ya tenía un gran bulto de hojas en la calle, pegado al cerco de la casona. Encendía un fósforo y las quemaba. Una vez, eran tantas hojas que hice un bulto muy grande y les prendí fuego. Las llamas casi rozaban los cables del recién instalado tendido eléctrico. Al ver la situación mi abuela me regañó y a la vez me comentó que el pueblo fue electrificado en 1980 en el gobierno de facto de Policarpo Paz, siendo alcalde municipal don Luis Gómez.

Atrás quedó el uso de los candiles, velas, quinqués y de la vieja planta generadora de energía eléctrica.

Terminaba de barrer el patio y subía a la segunda planta, abría de par en par las puertas dobles de la sala que daban al corredor: ¡qué vistas tan espectaculares se presentaban ante mis ojos…! Juntaba las puertas en una esquina de la sala donde colgaba un lindo florero con unas flores rojas de plástico, el que empujaba para que se balanceara, me gustaba verlo en movimiento.

Desde el corredor escuchaba cantar al guaco anunciando lluvia. «Oí al guaco pidiendo lluvia, más tarde seguro lloverá», afirmaba mi abuela. Y ciertamente llovía… Ese pájaro no fallaba en sus pronósticos. También me deleitaba oyendo la música que tenían en la radio los hijos de Salomé Paz, al lado derecho de la casona. La barría al ritmo de *Corazón Mágico,* de Diango o escuchando los famosos Cuentos y leyendas de Honduras con Jorge Montenegro. Por las tardes, también, no faltaban oyendo un programa radial llamado *Kalimán*.

Desde su altura, podía ver casi todo el pueblo y apreciar las bellas montañas y cerros que lo rodean, como La Rabona, el Espíritu Santo y el Cerro del Viejo. Cuando estos cerros y montañas se cubrían de una densa capa de neblina y el viento soplaba fuertemente emitiendo un sonido arrollador eran señales de que se aproximaba una tormenta. Al verlos así, corría a recoger el café y la ropa para que no se mojaran.

Confieso que hacer mandados fue la tarea que menos me gustó, porque si las libras no estaban completas había que regresar a la pulpería para reclamar el porqué del peso incompleto. La abuela o la tía Celestina pesaban cada producto comprado por libra en una vieja balanza que había quedado de cuando tenían su propia pulpería. Dicha balanza estaba colgada frente al comedor. Cada vez que pasaba por ahí me golpeaba la cabeza con ella.

La abuela prefería dejar los productos para no ir a reclamar, pero si la tía no estaba de acuerdo, había que volver a la pulpería.

Aparte, los mandados me distraían y atrasaban en las labores de casa, pero igual los hacía en compañía de mi perro Duque, un perro negro que me seguía a todos lados. ¡Hasta a la escuela me seguía! Mis compañeros al verlo se reían porque mi pobre perro estaba muy flaco, pulgoso y tenía sarna.

Para que se le quitara la sarna, le echaba aceite quemado en todo el cuerpo. Mi mamá me ayudaba. Duque quedaba más negro de lo que era. Nunca se curó. Le lanzaba una que otra piedra para que se fuera con la precaución de no golpearlo. Finalmente, el perro se regresaba a casa.

En la pulpería compraba pan para mí y le daba a Duque también. Me sentaba en la acera de la pulpería de don Jacobo Paredes o de

Choncito Paredes, hasta que terminábamos de comernos las semitas que había comprado.

Por las tardes, casi todos los días, la abuela me mandaba a comprar cuajada donde doña Reina o donde Norma Torres. La cuajada que preparaban era sabrosa, no faltaba en nuestro plato.

A veces tenía que esperar, porque no estaba lista. Me entretenía conversando con doña Giña o jugando con Karla, su hija.

Regresaba a la casona con la cuajada y cuando ya no recibían los rayos del sol, regaba las flores que estaban colocadas a un lado del lavatrastos. La abuela las había plantado en ollas que estaban dañadas. Otras asignaciones fueron lavar los platos, llevar leña a la cocina, limpiar y ordenar las mesas, recoger la ropa seca, ir a traer suero donde doña Reina —la esposa del tío Venancio— para darle a Golfa, una perra que la abuela cuidaba con especial delicadeza.

Para lavar los trastos de la cocina usábamos unas hojas de un árbol llamado chaparro, eran muy ásperas, quitaban fácilmente la mugre. Adalid Torres, sobrino de la abuela, le llevaba ramas con estas hojas y las cortaba en la propiedad del Cerrón.

También me correspondía sacar a asolear el café para que se refinara. Lo echaba sobre unas telas a las que llamábamos manteados y luego con un rastrillo de madera lo dispersaba. Si había mucho sol, tenía que salir a removerlo.

Otros quehaceres eran traer leña desde la planta baja, sacudir las mesas y cintas. Cuando limpiaba la sala, jugaba con unos adornos que la abuela protegía con recelo. Se trataba de unas muñecas de madera que el tío Juan le trajo de Rusia. Vienen unas dentro de otras. Se desenroscan una y otra hasta llegar a la más pequeña. Son conocidas como matrioskas o muñecas anidadas. Las colocaba de la más grande a la más pequeña y luego las introducía una dentro de la otra. ¡Sí me divertía jugando con esas muñecas!

Luego de jugar con las muñecas de madera, seguía con mis labores. Lavar los trastos me gustaba mucho, aunque tirar el agua sucia, se me dificultaba un poco, pero ahí estaba Rebeca. Ella me ayudaba.

Una vez, iba pasando don Rubén Paz por la calle y al mismo tiempo Rebeca lanzó una cubeta de agua sucia. El pobre señor quedó empapado. Muy molesto, tuvo que regresar a su casa para cambiarse de ropa. Nos reímos un rato de lo sucedido. Don Rubén, ya cambiado, visitó a la abuela, le contó lo que le hizo Rebeca y ella la reprendió por no tener cuidado.

—Esta cipota me mojó todo con esa agua sucia y hasta tuve que regresar a la casa para bañarme y cambiarme —se quejó don Rubén.

—¡Qué indezuela esta, que no se fija para tirar esa agua! Disculpe, Rubén —exclamó la abuela.

Rebeca, hija del tío Enrique, era unos años mayor que yo, era más fuerte y podía cargar las palanganas llenas de agua sucia, pero había que estar pendiente de que no se rebalsara y cayera sobre la armazón de madera que servía de lavatrastos, de lo contrario la echaría a perder. Rebeca también llegaba a la casona a ayudarle a la abuela.

Con el cantar de las chicharras o cigarras sabíamos que se aproximaba la Semana Santa, la abuela recibía telegramas de los tíos avisándole del día que arribarían; se preparaba también porque seguro la visitarían otros familiares y amistades.

Me esforzaba en vano buscando con mis ojos entre las ramas y troncos de los árboles a los insectos que mis oídos escuchaban cantar. Quería verlos y tocarlos con mis manos. Nunca lo logré.

Nosotros, sus nietos y sobrinos, al saber que los tíos llegarían, nos íbamos para el corredor a ver si podíamos observar desde allí las luces de los carros que venían por la carretera. Estando ahí teníamos que estar pendientes de los mirones que permanecían sentados en la acera porque les gustaba mirar para arriba a través de las hendiduras de la madera del piso.

Para no hacer tan aburrida y larga la espera, decíamos chistes, narrábamos historias de misterio y de miedo.

No faltaba la advertencia de la abuela: «No se acerquen mucho a la baranda, es peligroso, si alguien se cae… Dios guarde, mejor arrímense a la pared o entren a la sala». La abuela tomaba sus precauciones, porque una vez casi se cae una niña llamada Margarita Bueso. Ella se sentó en la parte donde se unen las dos barandas y calculó mal. Para su suerte, alguien estaba cerca y logró tomarla de un brazo y así evitó una tragedia. Desde entonces cuando había niños en el corredor, se mostraba intranquila.

De repente alguien decía: «¡Hey!, ¡miren cómo las tres luces del cerro se mueven en todas direcciones y se vuelven a juntar!». Todos dirigíamos la mirada al cerro del Espíritu Santo y, atónitos, observábamos el espectáculo. Las luces se movían como si estuvieran jugando a las atrapadas.

La gente del pueblo atribuía ese evento de la aparición de las tres luces a la desaparición de tres hermanas en ese lugar hace muchísimos años atrás. El tío Eligio le contó a mi hermano Galo que una madrugada él venía por el camino del cementerio y se le presentaron tres bolas de fuego y que, ante el miedo, se detuvo y las luces se fueron en dirección del cerro del Espíritu Santo; él intentó seguirlas, pero como iban muy rápido, no pudo alcanzarlas.

Al llegar los visitantes, bajábamos a recibirlos y a ayudar a llevar las maletas a la planta alta.

Visitar la casona por la noche o estar en ella era una experiencia muy agradable porque el olor a huele de noche, unas lindas flores blancas, era inevitable sentirlo. Su fragancia se dispersaba por todos los alrededores. El arbusto estaba plantado frente al lavatrastos.

Todas las mañanas el abuelo Eligio se levantaba muy temprano a regar las plantas, sobre todo los árboles frutales. Cuidaba como a la niña de sus ojos los árboles de nance y de tamarindo redondo que estaban justo frente al portón de entrada a la casona.

Era parte de su rutina levantarse muy de mañana a recoger nances y guayabas.

Un día la abuela le dijo desde la cocina:

—Eligio, riégueme las flores, por favor, que se me están secando.

Al abuelo no le gustaban las flores y, por lo que le contestó, andaba malhumorado:

—Yo no riego flores, eso no se come —refunfuñó.

Entonces mi abuela para evitar la discusión me pidió que fuera a regarlas y fui.

Al terminar de regar las flores de la abuela, aprovechaba para comer tamarindos redondos. Esta era una fruta rara, redonda, de sabor único, verde y café al madurar, no había en el pueblo, solo en la casona. Eran toda una novedad. La gente que pasaba por la calle las miraba y preguntaba qué fruta era. La abuela me contó que el tío Silas le dio unas semillas de dicha fruta y las sembró. Para la Semana Santa las frutas ya estaban maduras, listas para saborearlas.

Para distraer a los abuelos de los quehaceres domésticos, los hijos y nietos, en Semana Santa, en sus cumpleaños o en algún fin de semana organizábamos excursiones al Cerrón o al Agua Zarca. Nos íbamos en el carro del tío Moncho. Preparábamos carne asada y nos bañábamos en los riachuelos.

¡Qué bien la pasábamos!

Anticipadamente la abuela hacía pan con harina de trigo y de maíz. Lo primero que hacía era meter la leña en el horno para luego encenderlo; así mientras el pan estaba en fermentación, el horno estaba ardiendo.

Me mandaba a mí a traer la leña, allá debajo de las escaleras donde la almacenaba o en la vieja galera afuera, junto a la casona. Ahí me entretenía un poco viendo y alimentando a unas guatusas y a unos patos que la abuela tenía enjaulados.

La abuela tomaba un baño antes de iniciar a hacer el pan, puesto que se tendría que calentar mucho al barrer las brasas del horno y al meter y sacar las latas con el pan, no le haría bien a su salud bañarse después.

Ella se veía tan bonita con su vestido, un delantal y una larga trenza que a la vez le servía de diadema, la que se sujetaba con una peineta o con su peine.

Me enviaba a comprar los ingredientes a la pulpería y los juntaba, los colocaba sobre una mesa de madera, se sentaba en una butaca y empezaba a amasar la masa para el pan. Elaboraba pan blanco y unos panecillos muy tostados a los que ella llamaba truenos porque al comerlos tronaban mucho los dientes. Estos panes eran deliciosos. También hacía unas roscas de maíz blanco y dulce de rapadura que se deshacían en la boca con la primera mordida.

Con un recipiente de barro, un molinillo de madera, claras de huevo, azúcar y harina de arroz preparaba pan marquesote, que era apetecido por todos.

Sentada en un banco de madera tomaba la vasija con las claras de huevo adentro y la colocaba entre sus piernas. Frotaba las manos con el mango del molinillo entre ellas para hacerlo girar. Lo giraba hasta que las claras estuvieran a punto de nieve. Luego agregaba los demás ingredientes y seguía girando el molinillo.

Yo me quedaba embelesada viendo la destreza de la abuela con el molinillo, lo giraba y giraba y no se le caía. Terminaba de mezclar todos los ingredientes, echaba la mezcla en las latas y listo… metía las latas al horno.

El proceso para hornear el pan iba desde acomodar y encender la leña dentro del horno, hasta barrer las brasas con la escoba de monte, el que iba a cortar a la Quebradita, un pequeño riachuelo ubicado a unos 273 metros de la casona. Una vez que se sacaban las brasas, se metía el pan colocado en unas bandejas rectangulares de metal haciendo uso de una larga paleta de madera. Después se tapaba el horno para que no se escapara el calor.

El olor a pan recién hecho se percibía en la casona y las casas vecinas. Cuando las visitas llegaban, no se iban sin tomar café con pan. Para que le rindiera el pan, la abuela solamente le daba un panecillo a cada visitante.

Al mismo tiempo, tostaba maíz blanco con unas semillas de cacao, con el que hacía un atole llamado pinol; a este polvo se le agregaba leche y resultaba una rica bebida. Si el polvo era solo de maíz blanco, le añadía agua y lo usaba para preparar otra bebida llamada chilate, el que tomábamos acompañados de pedazos de papaya enmelada.

Bebíamos el chilate en unos huacales que ella misma elaboraba de unos frutos llamados cutucos. Con la ayuda de una segueta, partía el cutuco por la mitad. Le extraía las semillas con una cuchara y seguía raspando hasta dejarla muy limpia.

Luego con un cuchillo raspaba la cáscara de la fruta, la dejaba sin los característicos colores verde o café, según el estado del cutuco. Cuando el huacal adquiría un color blanco hueso, ya estaba listo para usarlo. Cuando no encontraba cutucos para elaborar los huacales, se los compraba ya hechos a doña Susana Paredes (D. E. P.).

Y de los limones reales y naranjas agrias que cultivaba en su patio, no solo extraía el jugo, también aprovechaba la concha; usando un rallador y dulce de rapadura elaboraba un riquísimo dulce. Pero este dulce era muy trabajoso para hacerlo. Había que meter la concha rallada en una bolsa de tela y lavarla muchas veces para quitarle el sabor amargo. Luego cocinarlo y estar revolviendo por largo rato. Con el tiempo dejó de prepararlo ella, lo hacía la tía Celestina.

El jugo de limón le duraba por meses, incluso años. Lo hervía en una olla grande y al enfriarse, lo almacenaba en botellas de vidrio. Con él hacía refresco. Cuando los árboles de limón no producían frutos, ella usaba el jugo que tenía en las botellas. Como había muchos nances, los lavaba y los metía en unos botes grandes de vidrio; luego les agregaba azúcar y los dejaba fermentar por años. Estos botes llenos de nances se los regalaba a sus hijos para que se los llevaran para su casa. Los tenía colocados en una mesa de madera, a la que le cambiaba mantel según la ocasión. Esta mesa estaba situada el espacio entre la sala y el comedor.

Mi hermana llegaba a la casona, a veces peleábamos, me molestaba diciéndome «pelo de guatusa». Eso me lo decía porque mi pelo era entre café y un poco rojizo, muy similar al de dichos animales que la abuela tenía enjaulados. Yo me enojaba y le decía a mi madre para que le llamara la atención por llamarme así. Efectivamente, la amonestaba y dejaba de molestarme.

Asimismo, en la galera, amarraban los burros y caballos. También anidaban las gallinas. Cuando cacaraqueaban porque estaban asustadas o porque ya habían puesto huevo, me pedía que fuera a verlas o a recoger los huevos.

Almacenaban el maíz ahí en la galera, el tío Gabriel lo prensaba y colocaba las mazorcas de tal forma que no se cayeran. Les echaba un polvo llamado Malatión, que evitaba que el maíz cogiera gorgojos y que lo picaran. El olor de ese polvo era fuerte, me desagradaba. Sobre la prensa de maíz anidaban las gallinas. Para coger los huevos me subía al maíz prensado, con la precaución de no desordenar las mazorcas.

Cuando la abuela necesitaba maíz para cocer, me pedía que fuera a destusarlo y a desgranarlo. El guate de las tusas de maíz me ocasionaba picazón en los brazos y tenía que lavarlos en el momento. Las manos me quedaban rojas y los dedos adoloridos por haber desgranado el maíz. A veces, el tío Gabriel me ayudaba a destusar y desgranar el maíz.

También allí estaban los estantes del almacén que tenían. En ellos había colocados varios libros, a veces tomaba uno y me entretenía leyendo cómics y viendo sus imágenes. Me perdía, mi imaginación volaba por unos momentos mientras leía, hasta escuchar el grito de la abuela: «Apúrate, Nena, ya está hirviendo el agua para cocer el maíz». Rápidamente me iba para la planta alta con el maíz listo para lavarlo y cocerlo. Este espacio contaba con los rincones necesarios para jugar a las escondidas con los primos… Y sí que lo usamos.

En la galera había unos troncos colgados de una viga. Estos troncos estaban ahuecados en la parte superior. En dicho hueco, vivían abejas, eran como colmenas. Cuando iba por ahí, pasaba de largo por temor a que me picaran.

¡Qué emoción me daba cuando mis tías Celestina y Nohemí llegaban al pueblo de vacaciones! Ellas estaban estudiando y en los días feriados aprovechaban para estar con sus padres. Por las noches, la tía

Celestina jugaba rondas como la del lobo, con todos los sobrinos que iban de visita a la casona. Su largo cabello se mecía al son de la melodía que entonábamos.

Por su parte, la tía Nohemí, prefería ayudar en los quehaceres de la casa, barría y trapeaba el piso de madera, sacudía los muebles de la sala y los cambiaba de posición. Luego se tomaba un descanso y me mandaba a mí a cortarle del árbol unos enormes limones reales, los que pelaba y partía para chuparlos con sal.

¡Cómo le gustaban esos limones a la tía Mimí!, ¡ni arrugaba la cara al sentir lo ácido en su boca! Yo me sorprendía porque esos limones eran muy ácidos, se me hacía agua la boca al verla y mejor me iba. A veces le pedía al tío Silas que le bajara cocos, que los pelara y partiera luego de haber tomado el agua.

Cuando los demás tíos llegaban, aprovechábamos para ir al Cerrón en el carro del tío Moncho, un vetusto Datsun 1300 azul celeste. Por lo general eran los sábados y domingos. Íbamos todos, los abuelos y los primos que podían caber en la pequeña paila del auto. El tío cultivaba cardamomo, cacahuates y café.

Nuestra primera parada era en la propiedad del tío Moncho. Ahí tomábamos agua y platicábamos un rato con las personas que la cuidaban.

Después nos íbamos más abajo, ya casi llegando a la aldea de El Cerrón, donde está la entrada a la propiedad de los abuelos. La vegetación era más tupida, las plantas de café estaban más cercanas a la casa. El ambiente era más frío. Platicábamos con Adalid, nos tomábamos una taza de café y en la tarde nos regresábamos para el pueblo.

Al llegar a la casona, bajábamos todo lo que traíamos en la paila del carro, costales de cardamomo, cacahuetes, racimos de guineos, morocas, mangos y aguacates ¡Qué deliciosos estaban los cacahuetes tostados en el comal! Yo tomaba de los costales los que me cabían en la mano y me iba para la cocina a tostarlos en el comal. Ya tostados los pelaba y me los comía.

El cardamomo casi no me gustaba comerlo por su fuerte y refrescante sabor. La casona olía a cardamomo porque los costales cargados los colocaban en la sala o en el espacio que había entre esta y la cocina.

Hubo una ocasión en que nos acompañó la tía Trinidad —Trina la llamábamos de cariño—, que era la hermana menor de mi abuela y la esposa de don Rubén Paz. Esa fecha fue incomparable. Subimos como pudimos a la parte más alta del Cerro del Viejo, pero llegamos a la cima. Yo me sujetaba del tronco de algunos arbustos para avanzar cerro arriba. Creí que la abuela y su hermana no subirían, pero sí lo lograron.

La abuela y su hermana se apoyaron en unas ramas que usaron como bastón e iban acompañadas por tío Moncho. ¡Qué impresionante panorámica! Las casas del pueblo se veían tan diminutas como las casitas de los nacimientos que se arman para la Navidad.

Y para bajar del cerro fue otro asunto, pero todos bajamos sanos y salvos. Regresamos al pueblo justo a la hora de la cena. La abuela encendió el fogón y la preparó. Amasó harina de trigo para hacer tortillas que estiraba usando una mazorca de maíz. ¡Qué originales se veían las tortillas ya cocidas con las marcas de los granos de la mazorca! A la harina le agregaba nata de leche, que le daba un sabor divino.

Después de la cena iniciaban las reuniones familiares. Cada tío hacía gala de su talento. El tío Moncho tocaba la guitarra y cantaba. A los abuelos les gustaba mucho escuchar el corrido al Partido Liberal. Y no faltaban los chistes del tío Céleo, al que mi tía Nohemí apodaba Cucurredo. Llegaban a la cita mi papá y tía Rosa. Cuando mi papá llegaba decía mi tía Nohemí: «Llegó Bombillo». Ese apodo lo trajo de Comayagua, pues así lo llamaban sus compañeros de estudio. Supe que también lo llamaban Frijolito por su baja estatura.

Todos se sentaban en bancos de madera o en las sillas del comedor. Si los presentes eran muchos, algunos permanecían en pie. Y empezaban las participaciones:

Una vez, le pregunté a mi mamá:

—¿Qué hizo para almorzar?—Sopa de frijoles —me contestó.

—Otra vez… —le dije.

—Mira, hijo, los frijoles son ricos en hierro, es bueno comerlos todos los días —me indicó ella.

—Si así fuera, madre, yo sería ya una barra de hierro porque todos los días como frijoles —repliqué yo.

El tío Céleo narraba esta anécdota y las carcajadas eran sin fin.

La risa de los interlocutores se escuchaba hasta en la plaza del pueblo. A medianoche el abuelo bajaba las escaleras para ir a dormir al cuarto donde estaba la mesa de billar; no le gustaba mucho desvelarse.

Mientras los adultos se divertían en el comedor, nosotros, los niños, jugábamos en el patio. Nos escondíamos en la galera.

Después de las reuniones familiares, el sueño calaba. Había que ir a dormir. Como los visitantes eran muchos, no había cama para tanta gente. Por esa razón, la abuela trasladaba unas camas plegables a la sala y ahí dormían. Si, aun así, las camas eran insuficientes, a algunos les tocaba dormir en los muebles de la sala.

Cuando los feriados terminaban, la casona quedaba casi vacía. La abuela lloraba. Elevaba plegarias para que los viajeros llegaran con bien. Se entristecía ante la partida de sus hijos y nietos que la visitaban. Los enviaba de regreso a sus hogares cargados de frutas como limones, guineos, morocas, urracos, aguacates, guayabas, nances, nísperos y naranjas.

Iba al corredor para verlos marcharse y se quedaba allí hasta donde su mirada le permitía ver los vehículos. Las lágrimas brotaban de sus ojos y le mojaban su bello rostro. Me quedaba a su lado para hacerle menos triste la partida de sus hijos.

Nuevo morador en la casona

Un día, llegó el tío Moncho a la casona. Pero a diferencia de otras ocasiones, no llegó solo, esta vez lo acompañaba un niño. Era Óscar Enrique, uno de sus hijos. Lo llevó para que se quedara viviendo en la casa de los abuelos. «Seguramente el primo ayudará en los quehaceres de la casona», me dije. Y no me equivoqué… Óscar hacía los mandados en compañía de la fiel Golfa.

Él era un niño delgado, de tez trigueña clara, tenía unos siete u ocho años al momento de su llegada a la casona. Ingresó a la escuela en primero o segundo grado.

Pero no todo era trabajo para nosotros. Más de una vez, jugamos a cocinar. Algunas veces invitábamos a Rocío, hija de mi tía Rosa. Nos trasladábamos a la galera, escarbábamos tierra, la juntábamos y la amasábamos con agua.

Luego construíamos una especie de hornilla en el suelo y colocábamos sobre ella una tapadera de alguna lata vieja que encontrábamos por ahí. Después, buscábamos charamuscas y las encendíamos con un fósforo y el fogón estaba listo. Ya teníamos huevos que tomábamos de la galera donde ponían las gallinas y los freíamos en una improvisada freidera.

Hubo veces que, por la prisa, solo colocábamos unas cuatro piedras y una tapadera como comal para hacer la hornilla y así nos evitábamos todo el proceso de la amasada de tierra para armarla.

La comida que preparábamos sabía apetitosa, con una que otra cáscara incorporada, pero así nos la comíamos.

Y qué decir de las tardes… ¡Qué tardes! No nos alcanzaban para jugar béisbol, fútbol, de quemar o a las escondidas. Óscar invitaba a sus amigos y yo a los míos. No faltaban a los juegos Alba Rosa, hija de Rosa Quiroz; Maira, hija de Darío Torres; Eleana, hija de mi tío Quique… Con un palo de escoba por bate o cualquier palo que encontráramos y una pelota de calcetín rellena con aserrín de madera o un balón de plástico comenzaban las tardeadas deportivas en la casona.

Eran jornadas de dos o tres horas, las cuales terminaban con el grito de: «Vengan a cenar» de la abuela y el de la madre de los demás niños.

Como en la casona había uno de los pocos televisores del pueblo, cuando terminábamos de cenar, la diversión continuaba viendo en la televisión nuestras series y caricaturas favoritas: *Los Pitufos*, *He-Man*, *Heidi*, *Maco*, *La sirena enamorada*, *El Chavo del ocho* y *Candy*, entre muchas otras. Nuestros amigos no faltaban al encuentro. Los que llegaban temprano se sentaban en los muebles, los que llegaban tarde, en el piso de madera, que ya tenía bien barrido.

Si la señal del canal que estábamos viendo fallaba, alguien tenía que bajar al patio donde estaba instalada la antena. «Lleva este foco para que alumbres, ahí donde está la antena puede haber una culebra, es peligroso», recomendaba la abuela. Había que hacer girar con las dos manos el tubo que la sostenía. Desde la sala gritábamos: «Ya, ahí déjala, ya podemos ver bien la imagen». El que bajaba a mover la antena, subía velozmente las escaleras para no perderse ni una parte del programa en desarrollo.

Óscar, además de ser mi primo, se convirtió en uno de mis mejores amigos.

Había veces que después de ver la televisión nos juntábamos mis amigos y yo en la plaza del pueblo, que quedaba esquina opuesta de la casona. Jugábamos libre y verruga. Una noche, iba persiguiendo a Maira y me caí en una de las zanjas por donde corría agua sucia a la orilla de la plaza.

Desafortunadamente, mi rodilla derecha cayó sobre una piedra puntiaguda y me ocasionó una severa herida que me dejó una visible cicatriz. Mis amigos me trasladaron en hombros al centro de salud donde me suturaron y luego me llevaron para la casa de la abuela. Al llegar exclamó: «¡Dios guarde, qué temeridad!, ¿qué te pasó, Nena?». Le expliqué lo que me había ocurrido. La abuela no me regañó por el accidente. Esa noche y durante una semana me quedé durmiendo allí.

Mi abuela me acondicionó el sofá grande para dormir. Le dio la vuelta y lo arrimó a la pared, en él pasé todo el tiempo, ya que el doctor me recomendó reposar. Caminaba con dificultad, así que no podía ir a la escuela.

Mi maestro Rafael Pineda y mis compañeros Lilian, Maira, William, Hermes y Selvin llegaron a visitarme. Me llevaron unos jugos de lata y galletas. También me llevaban las tareas que dejaba el maestro para que las pudiera hacer. Mis amigos observaron todas las fotografías de la sala, me preguntaron sobre quiénes eran y les di detalles de cada una.

¡Qué feliz y apenada estaba con su visita!

Mi madre y mi papá también llegaron a verme cuando se enteraron del accidente. Me regañaron y me prohibieron volver a jugar. Por muchos días no jugué, hasta que la herida sanó completamente.

«Esta niña casi queda coja, si la herida hubiese sido un poquito más abajo se le sale el líquido sinovial que lubrica la articulación de la rodilla», le explicó la enfermera doña Femina a mi mamá cuando me llevó a extraerme los puntos de sutura. Al escuchar eso, sí me asusté. No me imaginaba sin poder correr, sin poder jugar con mis amigas y no caminar normalmente.

Agradecí a Dios porque ya podía caminar bien otra vez, no estaba coja.

Días sensacionales

Los domingos eran especiales, la abuela cortaba flores de su pequeño jardín y me las daba para que las llevara a la Iglesia evangélica. Si no había en su jardín, me enviaba a buscarlas donde la tía Rosa o donde doña Nicha, el caso es que no podía dejar de llevar flores para decorar la iglesia.

Con mi hermana íbamos a la iglesia, cada una con un ramo de flores en sus manos. Llegando al templo las metíamos en unos jarrones colocados en el altar. Allí nos quedábamos hasta que el culto terminaba.

Esperaba con ansiedad cada domingo para ir a la iglesia porque ahí, luego de recibir la clase dominical, en los anexos de la capilla, nos daban unas lindas tarjetas con imágenes únicas como paisajes con nieve o campos cubiertos de flores, pájaros y otros. Las coleccionaba con mi hermana. Jugábamos a ver quién tenía la mayor cantidad y las más bonitas. Las tarjetas navideñas eran toda una novedad.

Y los cumpleaños en la iglesia eran peculiares, el cumpleañero, además de un canto que entonaba la feligresía, tenía que depositar una ofrenda que variaba según la edad. Si eran 10 años los que cumplía, la ofrenda era de diez centavos y así respectivamente. El pastor oraba por el cumpleañero, quien subía al santuario. El cumpleañero que quería y podía, en vez de monedas, depositaba la ofrenda en lempiras. El agasajado recibía de regalo una hermosa tarjeta.

También el domingo llegaban a la casona los trabajadores de los abuelos. Iban a traer el pago del trabajo semanal. Adalid Madrid, don

Felipe Orellana y don Pedro Juan Torres eran, entre otras, las personas que trabajaban en las tierras de la familia Paz-Madrid.

Y no llegaban con las manos vacías, llevaban toda clase de alimentos que hacían feliz a la abuela. Eran tantos, que hasta tenía que venderlos. A veces me pedía a mí, a Óscar o a Rebeca, su sobrina, que fuéramos a venderle aguacates, guineos, pacayas, mangos, morocas y más.

Sin duda, los domingos eran sensacionales, también era el único día que don Marcos Paredes aliñaba una res en la pesa, para vender la carne. El que madrugaba compraba la mejor carne. Yo iba antes de irme para la iglesia. En algunas ocasiones, iba mi madre o mi padre a comprarla. Si llegaban tarde, ya no había carne. Varias veces nos quedamos sin tomar sopa, por no haber llegado a tiempo.

Mi papá me pedía que también le comprara carne a su mamá. Le llevaba la carne a la abuela y a mi madre. Mientras yo andaba comprando la carne, mis padres recolectaban los ingredientes para la sopa; arrancaban la yuca y el camote en el patio de la casa. También cortaban los guineos verdes y las hojas de chaya. Al regresar de la iglesia, la sopa ya estaba lista.

Me gustaba ir a la pesa porque pasaba por la casa de un compañero de clases, que en la escuela me molestaba mucho, me enojaba porque se reía al verme y no sabía si era porque se estaba burlando de mí o por algo más. En el fondo, él me agradaba. Su cabello era rubio oscuro, sus ojos grandes y café claro, de mirada triste. Era de baja estatura, casi como yo, pero a mi lado se veía pequeño. Eso me causaba gracia y le decía: «Enano». Se apenaba y dejaba de molestarme.

Con el paso del tiempo, esta situación cambió, él creció y me superó en estatura. Ya no podía molestarlo. Ahora la chaparra era yo. Él pudo continuar importunándome, pero no lo hizo.

Su casa me llamaba la atención, sobresalía entre las demás porque era muy linda y ordenada. Siempre estaba pintada.

Inolvidables fiestas

Para Navidad y Año Nuevo la abuela se preparaba. Me pedía que limpiara toda la casa y la ordenara; había veces que me ponía a pintar las paredes de la cocina y la hornilla con tierra blanca, la que extraía de su propiedad del mismo nombre: Tierra Blanca. Ahí había un yacimiento de tierra muy blanca. Muchas personas iban a extraer la blanca tierra con o sin permiso de los abuelos.

También colocaba y decoraba el árbol de Navidad. Iba a buscar unas ramas secas al solar de la casona y las cubría con algodón. Luego le instalaba las luces y otros adornos. Algunas Navidades logramos cortar un árbol de pino. Adalid era el encargado de traerlo desde el Cerrón. Dejó de hacerlo porque el gobierno prohibió la tala de dicho árbol.

Me mandaba a la pulpería de Concepción Paredes, más conocido como «Choncito». Ahí iba a comprar unos manteles de plástico con adornos navideños. Esos manteles los colocaba sobre las mesas del comedor, del pasillo y de la sala. ¡Qué linda se veía la casona con decoraciones navideñas!

En Navidad y Año Nuevo al terminar de arreglar la casona, me iba para mi casa a bañarme y a vestirme con la ropa nueva que me había comprado mi papá. Recuerdo que una Navidad mi papá nos llevó a mi hermana Joyce y a mí a la pulpería de Cruz Zelaya, que quedaba frente a la casa de tío Beto, un hermano de mi abuela. Ahí nos compró los estrenos: mi vestido era de varios revuelos, con encaje y de los colores anaranjado, blanco y azul.

¡Ah, cómo me fascinaba ese vestido! Era muy lindo, pero tenía un significado tan especial… Quizá porque era de las pocas veces que mi papá nos compraba algo. El olor de la ropa nueva me cautivaba.

A veces también me ponía zapatos nuevos. Para los calcetines no alcanzaba el dinero, así que tenía que usar algunos viejos.

Para un 24 de diciembre, me puse un lindo vestido de tela rayada, las rayas eran de varios colores: amarillo, rosado, azul, rojo y blanco. Como las calcetas rojas que ya tenía estaban muy estiradas, se me caían al caminar.

Para solucionar el problema, fui a la cocina a buscar unos hules que venían amarrados en unos manojos de cebollas, me los até en la parte alta de la pierna y le hice un doblez a la calceta. El hule no se veía, tampoco las calcetas se me cayeron, solamente me dejaron muy marcadas las piernas. Pero yo me sentí muy alegre ya que pude andar combinada con mis calcetas y también porque al parecer, nadie notó lo del hule. Aun así, no volví a usarlas de esta forma por la lesión que ocasionaron a mis piernas.

Cada Navidad y Año Nuevo era casi obligatorio ir a la Iglesia evangélica y reformada del pueblo, ya que los abuelos habían sido por años miembros y además fundadores. Este hecho los motivó a casarse por lo eclesiástico varios años después de su boda por lo civil.

Al finalizar los actos, regresábamos antes de la medianoche para poder darnos el abrazo navideño y de Año Nuevo. Por años participé en dramas representando a María, la madre de Jesús. Como mi cabello era muy largo, me seleccionaban para ese personaje.

Una noche de Navidad me llevé un gran susto porque lancé desde el corredor de la segunda planta de la casona la varilla de una luz de bengala y esta impactó en la cara de mi primo Óscar. Desde arriba pude ver al primo llorando y tapándose el ojo.

Bajé las escaleras corriendo para ayudarle. Mientras bajaba me imaginaba a mi primo viendo solo con un ojo. Un enorme sentimiento de culpa se apoderó de mí. Para mi fortuna, no pasó de ser un gran rayón. Desde entonces, nunca más volví a lanzar los alambres que quedan después de quemar esas luces.

Me entretenía reventando cohetes usando una astilla de ocote o con una caja de fósforos. Así me la pasaba en las calles del pueblo, sobre todo en la acera de la casona, que era el sitio estratégico de reunión para los jóvenes enamorados.

Y no podía faltar la visita a las casas donde hacían nacimiento. Era emocionante ver aquellos paisajes elaborados tan detalladamente representando el nacimiento del niño Dios. Doña Berta Torres, don Raúl Hernández, doña Toña Hernández, entre otros, eran quienes los construían.

Los anfitriones ante la llegada de cada visita se mostraban alegres, pero a la vez en estado de alerta porque si en algún descuido alguien se robaba al niño Jesús, tocaría hacer una gran fiesta el día de Reyes el seis de enero del siguiente año, y eso acarreaba gastos de parte del dueño de la casa y del ladrón del niño Jesús.

A cada casa que llegaba me daban tamales, pan con café, carne de cerdo o de pollo. Comía poco, para comer en varias casas. Terminaba con el estómago a reventar.

Y no podía dejar de ir a visitar a mi otra abuela, así que acompañaba a mi madre a la casa de la abuela Vila. Allí reventaba cohetes con mi tío Héctor y mi primo Edenilson.

¡Cómo me gustaba escuchar el canto de unos pajaritos que la abuela colocaba en su árbol de Navidad! Era un adorno circular con luces navideñas y una pareja de pájaros en el centro. Me sentaba por largos ratos en la sala a escucharlos.

Jugábamos a atrapar luciérnagas y las echábamos en un bote con tapadera a la que le hacíamos unos agujeros con un clavo para que no se ahogaran los insectos. Nos divertía ver las luces de las luciérnagas dentro del bote en la oscuridad. Después de jugar un rato destapábamos el bote para que se fueran y entrábamos a la casa a comer tamales.

Más de una Navidad la pasé con mis abuelos en Tegucigalpa. ¡Cuánta falta me hacían mis padres y mis hermanos! Nos íbamos en autobús. Como este hacía varias paradas en su recorrido, en

Siguatepeque aprovechábamos para comprar alcitrones, unos dulces de papaya.

Una vez, viajaba el abuelo con nosotras. Llevaba la ventanilla abierta y el viento le voló el sombrero que llevaba puesto. Hubo que comprarle otro.

Fue precisamente en la casona donde un 24 de diciembre empecé a sentir fuertes dolores abdominales. Mi abuela me dio un medicamento efervescente para calmarlos. Pero el dolor no se me quitaba, iba en aumento. Para mi dicha, mi tío Juan había llegado para pasar las fiestas decembrinas con sus padres; al ver que mis malestares no cesaban, me examinó y su dictamen fue alarmante: «Por los síntomas, todo indica que es apendicitis y si ya tomaste ese medicamento efervescente, hay que actuar rápido porque lo que está haciendo eso es agravarte el cuadro que presentas y puedes desarrollar una peritonitis, y eso es grave».

Mi tío hizo todos los preparativos y me trasladó a un hospital en San Pedro Sula. Me llevó en su vehículo. Al llegar, fui atendida rápidamente y tras los exámenes realizados, fui intervenida quirúrgicamente por apendicitis. Mi tío acertó en su diagnóstico. Él se quedó conmigo en el hospital. Esa fue una de las navidades más tristes de mi vida, enferma y lejos de mis abuelos.

Cuando las fiestas de fin de año terminaban, el 1 de enero la abuela no se perdía la transmisión televisiva del Desfile de las Rosas que se realiza en Pasadena, California. La acompañábamos mi hermana y yo. Nos deleitábamos viendo las carrozas de flores de todos los colores y las formas hechas con ellas.

A inicios de la década de los años 80 se llevó a cabo un gran acontecimiento. Los abuelos, vistiendo sus mejores galas, viajaron a San Pedro Sula. Me llevaron al evento. El tío Moncho nos llevó en su carro. Allá asistimos a la boda de la tía Celestina. ¡Qué bonita se veía la novia, con su larga cabellera negra y su vestido blanco! De todos sus hermanos, ella fue la última que se casó. El casamiento se llevó a cabo el 26 de diciembre de 1981.

Momentos fuera de la casona

Después de pasar todo el día en la casona de los abuelos, mis padres me llegaban a traer por la noche. Con una linterna de mano, alumbraban el camino hacia nuestra casa, que quedaba a unos 5 minutos.

Hubo tardes en las que le pedía permiso a mi abuela para ir con mi papá a traer las vacas a los potreros. Esperaba que saliera de la escuela y nos marchábamos hacia la casa. Él se cambiaba de ropa, tomaba unos lazos, una vara, un machete y tomábamos camino hacia la Tierra Blanca donde pastaban las vacas.

Nos tocaba buscar a las vacas una por una en medio de los matorrales cuando no atendían el llamado de mi papá. Al reunirlas a todas emprendíamos el camino de regreso.

Al llegar, encerrábamos a las vacas en el solar frente a la casa y allí se quedaban reposando hasta el otro día. A los terneros los dejaba en otro espacio para evitar que tomaran la leche.

A nosotros nos picaba todo el cuerpo por el guate de los arbustos, las malas hierbas y por las garrapatas. Yo le arrancaba a mi padre las garrapatas de la espalda. Nos sentábamos en el porche y empezaba el afán.

Por la mañana, muy temprano, mi papá se levantaba a ordeñar las vacas antes de irse para la escuela. A veces, le ayudaba Elmer Rivera o Manuel Madrid, dos jóvenes de Macuelizo, una aldea cercana al pueblo, que venían a estudiar al colegio por las noches y durante el día hacían labores de campo en la casa. Con un lazo, mi papá ataba las vacas a un árbol y comenzaba el ordeño. Les amarraba las patas traseras para evitar que le dieran patadas.

Mi vaca era la más rebelde de todas. La llamábamos La Cachona. Le daba muchos problemas. Tenía los cuernos grandes, por eso la llamaron así. La Manchada era la que más leche producía y le pertenecía a mi hermana. Era una vaca de la raza Holstein, blanca con manchas negras, de ahí su nombre.

Ahí estaba yo, con mi vaso con azúcar, lista para tomarme la leche recién salida de las ubres. ¡Sabía delicioso, tan tibia! Al terminar me quedaban bigotes blancos de la espuma de la leche y mi papá se burlaba diciendo: «Ja, ja, ja, ya tienes bigote igual que yo...». Yo me limpiaba rápidamente con mi vestido. A mi hermana, como no le gustaba la leche, prefería quedarse en la cocina, ayudando a nuestra madre.

A veces mi madre vendía la leche, pero casi siempre le agregaba una pequeña porción de una pastilla de cuajo para poder después hacer una deliciosa cuajada.

Cuando llegaba la cosecha de nances, mi amiga Lilian y yo nos adentrábamos entre las milpas y frijolares sembrados en las parcelas de las Lomas. Allí recogíamos grandes cantidades de dicha fruta. Pasábamos horas y horas agachadas para coger nance por nance y los echábamos en bolsas de plástico.

Entre ellos había unos animales que me daban escalofríos. Eran negros y con muchas patas. Son llamados ciempiés y milpiés. El ciempiés, al tocarlo por accidente, salía corriendo rápidamente y se perdía entre la hierba; el milpiés, por el contrario, si lo tocábamos, se enroscaba, por eso le decíamos rosquilla. Si el ciempiés, por un descuido, subía a nuestro cuerpo, nos dejaba como quemaduras, por eso había que tener mucho cuidado.

También había una planta que, al tocarla, nos quemaba la piel. Le decíamos «pan caliente». Con mucha precaución buscábamos los nances en el suelo, porque si por accidente tocábamos una hoja de esa planta, tendríamos que irnos para la casa a echarnos mucha agua.

Cierta ocasión, se nos ocurrió ir hasta donde nuestros ojos veían. Queríamos saber qué había más allá. Escondimos entre las plantas de frijol, las bolsas con los nances que ya habíamos recogido. Bajamos la pendiente y luego subimos la loma. ¡Qué maravilla vimos al llegar a la cima, era el imponente y caudaloso río Ulúa! Jamás pensamos qué era lo que había del otro lado de la loma, el río se veía tan cerca. Al regresar, no le contamos a nadie, por temor a que nos reprendieran por haber ido tan lejos.

Era el año 1982, Honduras participaba por primera vez en un mundial de fútbol. La competencia se realizó en España. Yo estaba feliz de ver a la selección jugando y cuando se desarrolló el partido entre España y Honduras fue una locura. Se dio un empate 1-1.

Pero después de esa alegría, sucedió algo inesperado; mi perro se enfermó y murió. ¡Qué triste estaba! Envolví su cuerpo en un viejo costal y, debajo de un gran árbol de nances, cavé hasta hacer un agujero donde pudiera meter a Duque. Lo metí en él y le eché tierra encima. Lloré por muchos días.

Los siguientes partidos que Honduras jugó no los quise ver en el televisor, estaba muy desconsolada por la muerte de mi perro. Me fui para el árbol de nances porque quería estar cerca de mi mascota. Me abrí paso en medio del cafetal, llegué al árbol y me subí. ¡Qué hermoso se veía el Cerro del Viejo con sus faldas cubiertas de árboles, mi mirada se perdía entre la espesa vegetación! Desde la copa del árbol de nance, de espaldas a las Lomas, con mis manos fuertemente sujetas por el viento que soplaba y mecía las ramas, a lo lejos, escuchaba en la radio los partidos donde jugaba Honduras y oraba a Dios que los ganara. Desde allí podía ver la carretera y la casa de la abuela Vila.

Así pasaron muchos días. Tenía que organizar mi tiempo porque no podía descuidar la escuela. Como unos días resultaban más cansados que otros, llegó el momento en que me tuve que quedar durmiendo con la abuela. ¡Qué emoción sentí! Iba a pasar más tiempo en la casona con los abuelos…

Durmiendo en la casona

La abuela preparaba la cena muy temprano. Por la tarde, cenábamos a las 5 p. m. La comida que servía era poca, para evitar congestiones por la noche, decía la abuela. Durante la cosecha de pacayas y aguacates de anís, casi solo comíamos eso todos los días.

En las brasas del fogón, la abuela metía las pacayas más tiernas y las asaba. Luego las pelaba y les agregaba una pizca de sal. Agarraba unas tortillas y listo. A los aguacates de anís yo les exprimía un limón, tostaba tortilla en las brasas y eso bastaba para mi cena.

Cada noche ayudaba a la abuela a trasladar desde la cocina hasta la sala unos tambos de plástico, muy bien tapados, que colocaba en una mesa grande donde también estaba el televisor. Estos contenían los platos que se usaban durante el día y algunos alimentos. Realizaba esta actividad, ya que la cocina no tenía ventanas ni puertas; solo los marcos y quería evitar que, si ingresaban animales, husmearan entre los trastos y la comida.

Terminábamos de llevar los trastos y ella hacía una peregrinación por los retratos de sus padres, los cuales tenía colgados en la pared, justo antes de la puerta de su habitación. Entre sollozos los recordaba, las lágrimas brotaban de sus ojos y le pedía a Dios que protegiera a sus diez hijos.

Cómo olvidar esos momentos cuando la abuela se sentaba en la cama, frente a la puerta que daba acceso al corredor, soltaba su moño retirando uno por uno los ganchos que lo sujetaban y deshacía la trenza, dejando libre su larga cabellera blanca. Agarraba su peine e iniciaba a peinarse. Era raro para mí verla con el pelo suelto, durante el día siempre lo andaba recogido. Le dije:

—¿Por qué no deja su cabello suelto en el día?

—Es por el calor —contestó mi abuela.

Nunca se tiñó el cabello, lo tenía completamente blanco al natural y se le veía precioso.

Quitaba los lentes de su rostro y los colocaba debajo de la almohada o en la cinta. Los usaba solo para leer o ver la televisión. Las demás actividades las realizaba sin lentes.

Posteriormente encendía la radio y escuchaba las noticias, específicamente un programa que se llamaba *Tegucigalpa de noche*, con Andrés a las diez. Yo dormía en la misma cama, a su lado, en el rincón, así que también me mantenía muy informada.

Una noche la abuela me platicó sobre algo que le había acontecido: «Mira que la noche que murió Savitas estaba aquí sentada, alistándome para dormir, y escuché que alguien golpeó la puerta dos veces. A las horas escuché los dobles de la campana de la iglesia anunciando la muerte de alguna persona. Y era la prima la que había muerto, creo que se vino a despedir de mí», señaló. Savitas era una de las hijas del tío Gabriel, la abuela Tina la apreciaba mucho, fueron muy buenas amigas.

Casi todas las noches la abuela se quejaba por los fuertes calambres que le daban en las piernas y se frotaba con algún ungüento para calmarlos. Si el tío Juan estaba en la casona, antes de dormir le cocinaba un plátano maduro y le daba a tomar el agua. Él le explicaba que gracias al potasio esa bebida le ayudaría a que no le dieran esos molestos calambres o se le aliviaran.

Los días y noches, cuando llovía, eran de correr. Había que apresurarse porque seguramente fallaría el fluido de energía eléctrica por alguna rama o árbol caído sobre los cables a lo largo de su paso por carreteras y montañas, con lo cual debíamos tener al alcance de la mano los fósforos, velas o un candil. A Óscar y a mí nos alegraba que no hubiera luz porque así jugábamos mejor a las escondidas.

Recuerdo que una vez estaba cayendo una gran tormenta. Empezamos a jugar; como todo estaba a oscuras ahí por la sala, le toqué la espalda a alguien. Creí que había encontrado a Óscar, pero no, era mi abuelo Eligio. Como se asustó me dijo: «Ay, ¿quién anda ahí?». No pude evitar asustarme y reírme bajito para que el abuelo no me reconociera. Y continué buscando al primo.

Cuando llovía y el viento soplaba fuertemente, si las puertas de la sala y la ventana estaban abiertas, corría a cerrarlas. «Esos golpes de aire son malos, Dios guarde, traen muchas enfermedades», pronosticaba la abuela. Seguidamente se abrigaba con un suéter y un gorro.

Además, por toda la casa había goteras, teníamos rápidamente que colocar recipientes para que cayeran las gotas de lluvia, porque si mojaban la madera del piso, esta se arruinaría.

Y ni hablar de la planta baja de la casona. Cuando el aguacero era muy fuerte, llenaba el pozo séptico y lo rebalsaba. Esa agua maloliente inundaba toda la planta baja. Había que actuar rápidamente, porque si el agua llegaba hasta donde se encontraba el café que se estaba refinando, lo dañaría. El café lo almacenaban en el recinto donde estaba la mesa de billar. Incontables veces fueron las que tuve que ayudarle a la abuela a botar el agua con una cubeta o con la escoba.

Después de tanto ajetreo durante el día, llegaba la noche. La abuela aprovechaba para ver sus telenovelas favoritas… y yo las veía también. Mi madre a veces iba a verlas.

Y así nos dormíamos. Yo tenía que levantarme muy temprano para ir al molino a moler el maíz. Me esforzaba por ser la primera y casi siempre lo fui, hasta que un día el tío Cecilio le contó a mi madre que él se levantó en la madrugada en una ocasión y me había visto sentada en la acera del molino con mi palangana de maíz al lado.

«Hay mucha maldad, cualquier cosa le puede pasar a esta cipota allí sola», le comentó el tío. Y mi madre, ni corta ni perezosa, le contó a mi abuela, que me propinó una gran regañada y me prohibió hacerlo una vez más. «Qué cipota esta, yo ni cuenta me doy, cuando despierto ya está aquí con la masa», replicó la abuela.

Llegaba con la luz de la luna y debía esperar a que doña Dimot Heller o uno de sus hijos, Jacobo, Francisco o Luis, abrieran la puerta de entrada al molino. Ella era una enfermera alemana que llegó a trabajar al hospital de los misioneros evangélicos y se quedó a vivir en el pueblo porque se casó con Jacobo Paredes.

«En este hospital nació tu hermana Joyce y fue cerrado porque, una noche, llegaron a matar a un hombre que ya daban por muerto. Durante el día fue herido con arma blanca, pero no murió. Fue atendido en dicho hospital. Al enterarse sus victimarios de que había sobrevivido y estaba interno ahí, ingresaron a las instalaciones y, sin mediar palabras, acabaron con su vida. Los misioneros, ante tal hecho delictivo, decidieron abandonar el recinto», señaló mi abuelo en una plática referente al tema.

La abuela se quedaba dormida, yo me encargaba de no hacer ruido. Cuando ella despertaba, ya había regresado con la masa para que hiciera las tortillas.

Por su parte, ella encendía el fogón, echaba agua en el agüero para preparar el café y lo colocaba sobre el comal. Amasaba la masa y hacía las tortillas. Las hacía pequeñas y gruesas. Así las preferían el abuelo Eligio y el tío Gabriel, que a esa hora ya estaban esperando el primer sorbo de café del día, acompañado de unas cuantas tortillas que partían en pedazos y las echaban en la taza de café. Con una cuchara en mano y su taza de café, el tío y el abuelo iniciaban su mañana.

¡Qué aroma a café y a tortilla fresca se sentía en la cocina de la abuela! Hubo veces que cuando llegaba con la masa, los viejitos ya estaban tomando café con las tortillas que quedaban del día anterior. La abuela las calentaba y tostaba en las brasas.

El abuelo se impacientaba porque quería que la comida estuviera lista lo más pronto posible porque tenía que ir a trabajar o a verificar que todo estuviera en orden en la Tierra Blanca, en las Lomas, El Cerrón o en El Agua Zarca.

—¿Celestina, y a qué hora va a estar la comida? —preguntaba el abuelo.

—Tenga paciencia —le pedía la abuela—, ya casi está lista.

Mientras esperaba, se paraba a un lado del marco de la inexistente puerta que conducía al lavatrastos, pasaba su mano derecha por su cabeza, como acomodándose el cabello, y luego colocaba sus dos manos atrás de su cuerpo y las juntaba escuchando las noticias en la radio, sin dejar de asombrarse por todos los eventos que a diario acontecían en el país.

—Pucha, está bueno el precio de la carga de café, ¡a ver cuántas sacamos este año! —le decía a la abuela, quien estaba apurada palmeando tortillas.

—Si no le afecta la roya, habrá una buena cosecha, me dijo Adalid el domingo que vino —argumentó la abuela.

Desayunaba, bajaba las escaleras y se dirigía a la galera donde estaban los animales. Con el burro o el caballo ensillado, su machete bien afilado, su sombrero, vistiendo una camisa vieja manga larga, su cántaro de agua y el almuerzo en una alforja, el abuelo partía de la casona hacia sus tierras.

A veces se iba montado en Calacho, un viejo caballo blanco, y otras veces a pie, jalando unos burros aparejados, listos con costales para traerlos cargados. Regresaba hasta en la tarde, muy cansado y sudado. Nunca lo vi bañarse después de trabajar durante el día. Se bañaba por las mañanas antes de iniciar a trabajar porque decía que hace daño bañarse agitado. Jocosamente comentaba: «Es mejor oler a puerco y no a muerto».

Y la abuela lo esperaba con una taza de café y la cena. Traía habichuelas, maíz, aguacates racimos de guineos o morocas, mangos, urracos; en fin, llevaba los frutos que había según la temporada del año en la que estábamos.

Cuando Calacho estaba en el patio de la casona, llevábamos a nuestro hermanito para que lo viera, le gustaba ver su larga y peluda cola. Cuando la movía para espantar los insectos, el niño se reía. Corría de un lado para otro moviendo su abundante cabellera colocha con cada salto que daba.

Un día, noté que algo raro estaba pasando en la casona. La visita de los tíos que vivían en el pueblo en días normales no era usual. Hablaban bajito entre ellos y al ver a la abuela Tina se callaban o disimulaban. Iban de un lado a otro. Andaban nerviosos y pensativos. La abuela, que no era fácil de engañar, les preguntó:

—¿Qué está pasando?

—No pasa nada, mamá —le dijo la tía Rosa mientras la abrazaba.

En ese momento no supe lo que pasaba, me enteré de lo sucedido hasta unos años después.

Debido a que el tío Juan estudió en Rusia y estábamos en la década de los ochenta en plena Guerra Fría, el tío era sospechoso de atentar contra la seguridad nacional y fue secuestrado por un escuadrón irregular que operaba en el país.

Estuvo cautivo por más de ocho días durante los cuales fue sometido a toda clase de vejámenes, según su testimonio. Mi papá y los tíos ya lo daban por desaparecido. Pero gracias a las influencias del tío Ramón, su liberación fue posible. Por temor a su reacción, a los abuelos les comentaron este hecho hasta pasados muchos años.

«Casi me matan esos fregados, estoy vivo de milagro y por nada me hubieran matado, me preguntaban que dónde estaban las armas, yo les dije que no sabía nada y me golpeaban cada vez que me interrogaban y yo respondía lo mismo», me comentó el tío Juan durante una visita a su casa en Tegucigalpa.

La familia Paz-Madrid era de reconocida militancia política en el Partido Liberal. Roberto Suazo Córdova ganó la presidencia de la República de Honduras en 1982 por ese partido. Quizá este hecho influyó también en la liberación del tío.

Tengo presente en mis recuerdos el momento en que Suazo Córdova andaba en campaña política con su lema: Honestidad y trabajo. El político visitó el pueblo. Los abuelos no fueron a la concentración, desde el corredor escucharon su discurso. El acto se realizó a escasos pasos de la casona, en la casa de Ramón Paz, la acera de esta casa sirvió de estrado al político.

Mi papá y yo sí fuimos. Había una multitud ovacionando al candidato. En mis manos portaba un retrato suyo que mi papá pegó en una delgada regla de madera, y lo agitaba cada vez que la gente gritaba emocionada.

Roberto Suazo Córdova (D. E. P.) no visitó la casona, sí lo hizo el precandidato presidencial Jorge Roberto Maradiaga (D. E. P.), cuando andaba en proselitismo aspirando a ser candidato presidencial por el Partido Liberal. Maradiaga había sido compañero de mi padre y del tío Céleo en la escuela del Edén, donde estudiaron Magisterio. El político subió las escaleras y los abuelos lo estaban esperando en la sala. Mi tío y mi papá se los presentaron y él muy gentilmente los saludó. Yo estaba terminando de asear la casona y desde la cocina observé su llegada. Conversó un rato con los abuelos y se retiró.

En la década de los años 80, el abuelo Eligio pierde a su último hermano, Ezequiel Paz. Estuve en su velorio y en su entierro. Doña Débora, su esposa, estaba muy triste; sentí mucho pesar al verla tan anciana y pensaba qué sería de ella sin don Quelito. El tío Ezequiel era el padre de Rubén Paz y Salomé Paz.

Cuando escaseaba la provisión y el dinero, la abuela recurría a las plantas para alimentarnos. Más de una vez la encontré cortando hojas y tallos de juniapa de una planta que tenía sembrada ahí pegado al cerco, frente a la casa de don Ezequiel. Con esas hojas y tallos preparaba un mogo o sopa. Deshacía la masa de maíz en agua, le agregaba cebolla, chile dulce, los tallos y hojas que había cortado. ¡La sopa le quedaba espesa y riquísima! Con las hojas de chaya, igualmente hacía esta sopa. A veces la freía con huevo.

Guisaba arroz para acompañar esa sopa y esto era suficiente para almorzar.

También cortaba chiles dulces y alargados de unas plantas que sembró en la entrada a la casona, debajo de la ventana de su cuarto. Los asaba en el comal, les agregaba una pizca de sal y comíamos con tortilla.

Las pláticas que sostenía con mi abuela eran variadas. ¡Cuánta sabiduría encontraba en sus palabras! Hablábamos de todo un poco. «Cuando yo estaba soltera, trabajé como maestra en la escuela, quedaba aquí donde hoy es la alcaldía. Era una casa de madera de dos pisos, ahí impartí clases hasta que me casé», narraba la anciana, quien se complacía en compartir esos momentos con su pequeña nieta.

«Tu mamá es una mujer ejemplar, recién nacida tu hermana, vivió con nosotros aquí en la casona. Vos no habías nacido todavía. Me ayudaba en todos los quehaceres y cuidaba muy bien a su hija. Tenía solo 16 años, yo la admiro mucho», continuaba platicando la abuela, a la vez que sostenía una vieja taza de plástico en la que estaba tomando café.

Visitante permanente

Por su parte, el tío Gabriel ya no trabajaba por lo avanzado de su edad. Todos los días llegaba a visitar a su sobrina y tomaba su café con tortilla de maíz, sentado en un banquito al lado de la ventana que está frente a una de las calles que cruzan la casona. Desde ahí lo saludaban las personas que pasaban.

Más de una vez lo hallé dormido, ahí sentado en el banco. Lo despertaba quitándole su sombrero, luego él tomaba su bastón de palo y se iba para otras casas donde, con suerte, le daban el desayuno. Si no, regresaba donde mi abuela, que se desvivía por servirle, ya que era el último hermano de su ya fallecida madre.

¡Cómo me gustaba platicar con el tío Gabriel cuando contaba sus aventuras! Decía que había sido combatiente en la guerra del 69 entre El Salvador y Honduras. Comentaba que anduvo luchando en el cerro del Espíritu Santo. Este conflicto bélico duró cien horas, razón por la cual lo llamaron: la guerra de las Cien Horas o la guerra del Fútbol, porque se desencadenó luego de un encuentro futbolístico entre los dos países en mención y se desarrolló desde el 14 hasta el 18 de julio de 1969.

Cuando no llegaba, la abuela se preocupaba y me mandaba a buscarlo. Llegaba y, después de comer y platicar con su sobrina, se iba para su casa o seguía paseando por el pueblo. Se levantaba de su butaca, con una mano se sostenía de la pared de madera y con la otra, de su bastón, y decía: «Munús, indio comido, puesto al camino», y se marchaba.

El tío Gabriel era de piel trigueña, quemada por el sol, de estatura baja, su voz era ronca, sus ojos, muy pequeños, se esforzaba mucho para ver. Usaba lentes. El peso de los años le bajó los párpados, caminaba muy encorvado. Siempre andaba bien vestido, con camisa de botones, pantalones de tela y su faja. Combinaba su vestimenta con un sombrero, el que cubría completamente su blanca cabellera.

Mi querido tío Gabriel practicaba una técnica que, al parecer, le ayudó a vivir más de cien años. No le gustaba bañarse a diario. Se bañaba muy de vez en cuando.

Así pasaron muchos años. Llegó un momento en el que el tío ya no pudo subir las escaleras de la casona que conducían a la cocina, la abuela lo sentaba en la planta baja y allí le llevaba el café y la comida.

Me daba risa la taza en la que tomaba café, porque tenía una cara en alto relieve y esa cara se parecía a la del tío, con bigote y todo... Como para irse para su casa el tío tenía que subir una calle empinada y pedregosa, yo lo iba a dejar porque se le dificultaba caminar. Aprovechaba para saludar a doña Toña, su nuera, y a sus nietos: Anabel, Gabriel y Ernestina (D. E. P.). De vez en cuando también estaban ahí sus hijos Gabriel, Bartolo (D. E. P.) y Céleo (D. E. P.), al que apodaban el Ronco. Platicaba unos minutos con ellos y me regresaba.

La abuela que se había ido para el corredor, ahí por la puerta de su cuarto, se paraba, sostenía sus manos sobre la baranda y miraba cómo el tío subía a tesones, cuesta arriba; a mi regreso, aún permanecía ahí.

Subía las escaleras y me iba a su lado, unas lágrimas rodaban por sus rosadas mejillas. «Mi tío ya no puede ni caminar, está muy viejito, pronto me quedaré más sola», presagiaba la abuela limpiando su cara con el delantal.

Seguidamente continuaba con sus labores hogareñas, no se quitaba el delantal, lo usaba día y noche. Este tenía unas bolsas donde metía el dinero y sus anteojos.

De la casona a la escuela

Yo desayunaba y tenía que regresar a la casa de mis padres para alistarme e irme para la escuela. Café con pan o unos frijoles fritos, acompañados con cuajada y tortilla, formaban parte de mi desayuno. A veces ya me iba lista para la casona y de un solo me marchaba para la escuela.

Los días que regresaba realmente no tardaba mucho en alistarme, ya que no tenía zapatos ni calcetines, con las mismas sandalias que me bañaba me iba para las clases.

Muchos fueron los raspones en mis rodillas por las veces que me deslicé y me caí bajando el camino de regreso a la casa. Mis cuadernos y lápices quedaban tirados en la tierra porque los cargaba al aire libre, no tenía mochila; cuando mucho, los llevaba dentro de una bolsa de plástico.

A veces iba acompañada de mi hermana, de mis primas o de mis amigas. Cuando me demoraba, no me esperaban, me iba sola por otro camino más corto, más empinado y enmontado.Me entretenía viendo los conejos escondiéndose entre la maleza, oliendo las flores silvestres, cortando y comiendo pepinillos. Estos tenían que estar de un color amarillo intenso para poder comerlos. La enredadera que los produce la llaman calaica y estaba entre los matorrales, así que debía esforzarme para cogerlos. Una vez entre mis manos, partía la fruta en dos partes, quedando al descubierto las semillas rojas de su interior. ¡Qué delicioso sabor tenían!

Me deleitaba escuchando el canto de las aves como zorzales, chileros, tijules, pero especialmente el de las palomas. Detenía mi caminar, mi mirada buscaba en las ramas de los árboles de carao las aves que estaban cantando. Me preguntaba si esas palomas eran las mismas que llegaban a la casona e intentaba verles una tira roja entre sus alas.

Por ese camino me distraía, porque había mucho que ver y oír. Observaba los árboles y los comparaba. Pensaba qué tan alto sería el árbol del que se cayó el bisabuelo Nacho, como para que le haya provocado la muerte. Caminaba por el estrecho espacio que habían hecho con sus pies las personas que transitaban por ahí. A ambos lados del camino había hierbas que me rozaban las piernas provocándome cosquillas y comezón; y, si era zarza, me las hería con sus espinas.

Jalaba los tallos de las varitas de zacate hasta retirarlos de la planta, para cortarlas en varias partes y, luego, en el recreo, jugar con mis amigas. Sentadas en el piso del corredor de las niñas, jugábamos a ver quién retiraba más palillos sin mover uno solo.

Mientras iba subiendo, observaba desde la calle cercana a la escuela una bandada de zopilotes sobre los pastizales de la Tierra Blanca: «Quizá se murió una vaca de mi papá», pensaba. El sonido de la campana de entrada interrumpía mis pensamientos y tenía que apresurar el paso, de lo contrario, llegaba tarde. El director seguramente cerraría los portones de acceso. Cuando entraba a la escuela, estaba con las piernas heridas y la falda llena de mozotes.

¡Qué caminadas las que dábamos con mi hermana y mi amiga Lilian! Y era doble porque asistíamos a clases por la mañana y por la tarde. Una vez, íbamos ya de regreso para la casa con mi amiga Lilian y vimos un toro en la calle, allí por donde doña Úrsula. Este, al vernos, comenzó a perseguirnos y corrimos como nunca.

Yo llegué primero a su casa, entré al corredor y el toro iba tras de mí. Entré y desde ahí le grité: «Corre, corre, Lilian». El toro se regresó y continuó persiguiéndola y por fin llegó a su casa. A Lilian, en medio de la carrera, se le rompió una de sus chanclas, por eso se quedó atrás. Las dos estábamos con el corazón latiendo aceleradamente porque ese toro casi nos alcanza y ni imaginar lo que nos hubiera pasado si lo logra. Nuestros otros compañeros estaban riendo, de espectadores, viendo la corrida que nos dio ese toro bravo. Entre ellos estaba el niño de mirada triste.

La escuela quedaba en la parte más alta del pueblo, en una colina. Durante el largo camino nos imaginábamos tantas cosas… Recuerdo que un día, íbamos mi hermana Joyce, Lilian y Gloria, la hija del tío Quique, hermano de la abuela Celestina, y decíamos todo lo que haríamos si tuviéramos un refrigerador.

—Yo haría muchos topogigios y pasaría todo el día comiendo —exclamé.

—Yo metería agua para tener hielo siempre —dijo Gloria.

Éramos tan felices…

Mis tíos Céleo y Eligio trabajaban en la escuela como maestros. También mi papá. El tío Céleo atendía a los estudiantes en la biblioteca; el tío Eligio fungía además como director.

Mi papá tenía a su cargo la tienda de la escuela. En ella vendía toda clase de golosinas. Mi hermana y yo no necesitábamos dinero. A la hora del recreo buscaba a mi hermana para no ir sola a la tienda, solo llegábamos y él nos decía que agarráramos todo lo que quisiéramos.

Un día la busqué y no la encontré por ningún lado, la escuela era muy grande. Por fin, casi llorando, la hallé y me alegré tanto que le dije: «Mana, te estaba buscando desde hace ya rato». Ella, que estaba con sus amigas, se molestó por llamarla Mana y me pidió que nunca más la llamara así. Y yo cumplí, desde ese día nunca más me dirigí a ella diciendo esa palabra.

Las dos hermanas tomábamos todo lo que se nos antojaba: confites, chicles, topogigios, bombones y churros. Casi siempre yo los compartía con mis amigas Lilian y Maira. Con las golosinas en mano, nos íbamos para la parte más alta del corredor de la escuela y desde allí podíamos ver cada una de las casas y calles.

Jugábamos a adivinar quién identificaba más casas. Sobresalía la casona de mi abuela y yo la imaginaba a ella en sus quehaceres domésticos o alimentando a las palomas que se posaban en la ventana de la cocina; sitio donde ella clavaba unas latas ovaladas y vacías de sardina, les colocaba maíz y agua para sus aves. A diario les cambiaba el agua y les echaba maíz o arroz.

Luisitos y Luisitas

Eran muchas las palomas que llegaban a comer. Recuerdo que se mostraban mansas, incluso se dejaban atrapar fácilmente por la abuela, que al tenerlas entre sus manos las acariciaba y les amarraba en una de sus alas un pedazo de tela roja.

Un día de tantos, yo le pregunté:

—Abuela, ¿y para qué les amarra esa tira? ¿Cómo sabe si la paloma es hembra o macho?

—Les amarro este pedazo de tela para identificarlas cuando las vea en los árboles. Si la paloma es grande, es macho y si es pequeña, es hembra —aseguró la abuela.

Amaba tanto a esas aves que les daba nombre: Luisa les llamaba a las hembras y Luisito, a los machos. Cada vez que miraba a los niños apedreando a las palomas que estaban en el solar de la casona, los amonestaba delicadamente.

Ellas, por su parte, no faltaban a la reunión en la ventana. Se posaban a cualquier hora del día. Logró crear un vínculo tan afectivo entre ella y las palomas que hasta imitaba su canto (currucucú) y ellas le respondían. Parada frente a la ventana de la cocina, la abuela cantaba esperando la respuesta de las palomas.

Como en su patio había muchos árboles y arbustos, me dedicaba a cortar cerezas, limones reales, naranjas dulces y subirme a los árboles de níspero.

Por las mañanas, después de las noches lluviosas, caían muchas frutas. Recogía caimitos, nances, mangos y guayabas. Las palomas hacían allí sus nidos. Preferían el árbol de ciruela japonesa para anidar. Este quedaba enfrente de la ventana donde estaba el lavaplatos.

¡Qué ternura me inspiraba la abuela alimentando a las palomas! Un día un polluelo cayó del nido, la abuela lo recogió y preparó una caja de cartón para que estuviera cómodo. En la cocina, sentada en un banco, apoyada sobre la mesa y vistiendo un delantal, le daba agua de masa de maíz. La paloma creció y llegó el día en que la dejó libre, no sin antes atarle el pedazo de tela roja. Luisito siempre llegaba a comer maíz a la ventana.

Por todo el solar de la casona se escuchaba el canto melodioso de las palomas como avisando a otras de que ahí había alimento y agua. De la misma forma, con su canto, parecía que estaban agradeciendo a la abuela por sus cuidados hacia ellas. Eran bandadas de estas lindas aves que se posaban en los árboles de la casona.

La abuela regañaba a las palomas porque entre ellas se peleaban dándose de aletazos. Revoloteaban de rama en rama o se posaban sobre el suelo debajo de la ventana de la cocina: «No peleen, Luisitos y Luisitas, ¡se van a lastimar!», exclamaba, y les lanzaba agua desde arriba.

Eran aves de una belleza singular, sus patas coloradas y plumaje grisáceo que brillaba al estar en contacto con los rayos solares, aunque alguna que otra pluma blanca asomaba entre sus alas.

La abuela y sus vecinas

Mi abuela Celestina era una señora amable, respetuosa, pacífica, muy sabia. Siempre trató de llevarse bien con sus vecinas doña Rosa Quiroz y Adelina Torres, por el lado del lavatrastos; Ernestina Ramos, por la parte del frente; Natalia y Martina Paredes, al lado derecho; Berta Torres, frente a la ventana de la cocina.

Cada cumpleaños de doña Tina, su amiga, la abuela me mandaba a comprar una caja de galletas o un corte de tela donde Cruz Zelaya o donde Lilio Morel, que eran las pulperías del pueblo más abastecidas con productos. En algunas ocasiones, si estaba en Tegucigalpa le pedía a la tía Nohemí que le comprara la tela y llevaba ya listo el regalo para el pueblo.

Si no, le envolvía en papel de regalo lo comprado y me pedía que le fuera a cortar flores al patio. Allá iba yo, con un regalo y un ramo de flores para doña Tina Ramos. Mi abuela, como para ser testigo de la entrega, se iba para el corredor de la casona, desde donde contemplaba el acontecimiento. Luego de la entrega, la cumpleañera salía al corredor de su casa a saludar y agradecer a su vecina. Y ese intercambio fue cada año.

Mi prima y amiga Maira, por parte de doña Tina Ramos, su abuela, hacía lo mismo. Cada cumpleaños llevaba un regalo y un ramo de flores a mi abuela Celestina.

Para el cumpleaños de doña Berta, su cuñada, la abuela elaboraba pan. Lo envolvía en una manta de cocina y me pedía que la acompañara. Nos íbamos en medio de los árboles del patio, hasta llegar a la casa de la cumpleañera. No entrábamos a la casa, la entrega la hacíamos en el cerco que dividía las dos propiedades. Doña Berta se mostraba muy agradecida, nos invitaba a tomar café. Luego de conversar un rato y de tomarnos el café, nos íbamos para la casona.

Duros momentos

Era el año 1985 y terminaba mi escuela primaria. Iniciaba el Plan Básico.

Alternaba mis estudios con el trabajo en la casona. Hubo veces que estaba lavando maíz o pañales de las guatas, como les decía mi papá a las hijas mellizas de la tía Celestina, con el cuaderno al lado porque no tendría tiempo para estudiar y prepararme para los exámenes. Así logré terminar mis estudios de Plan Básico.

A finales de la década de los ochenta, pasaron eventos: unos, felices; otros, muy tristes. Mi padre un día no regresó más a la casa, se había ido para formar una nueva familia. Fue un golpe bajo, una situación difícil de asimilar.

Lloraba mucho y me preguntaba qué habíamos hecho mis hermanos y yo para que mi padre se fuera. Pensé en que si se había dado cuenta de lo que me había pasado años atrás y estaba molesto conmigo, ya no podría ir con él a traer las vacas al potrero. ¿Qué pasaría con mis hermanos y conmigo y, sobre todo, con mi madre, que estaba embarazada? Eran muchas las dudas que me daban vueltas y vueltas en mi cabeza…

Mi madre lloraba mucho y el bebé se movía dentro de su vientre cuando ella estaba llorando. Mi hermana y yo le pedíamos que no llorara, que no le hacía bien ni a ella ni al bebé. Eran demasiadas mis angustias. Lloraba a solas para evitar dar explicaciones de mi llanto. Aprovechaba el camino de regreso de la casona a mi casa y ahí por la acera me detenía un momento a llorar.

Algunas respuestas no tardaron… Mi padre vendió todas las vacas, incluyendo la Cachona y la Manchada. Me dio mucha tristeza porque ya no tomaríamos leche ni comeríamos la rica cuajada preparada por nuestra madre.

Como vivíamos en la casa del tío Céleo, fue preciso mudarnos a la casa que mi papá aún no terminaba de construir. Ya contaba con ventanas y puertas de madera, pero el baño no estaba listo. Ese no fue problema. Siempre nos mudamos. Cargamos en nuestros brazos todas las cosas que teníamos, pues eran pocas y, como la casa estaba cerca de donde estábamos viviendo, en una noche hicimos la mudanza.

Para bañarnos colocábamos un bloque de cemento. Nos quedaban las piernas con partículas de tierra porque el baño no tenía piso de cemento. Había que ir afuera de la casa a lavarse. Con el correr de los días, con el dinero que obtenía de mi trabajo cuidando a los niños de la tía Celestina, pude comprar una bolsa de cemento para acondicionar el baño.

Llegada de «Oto Pan»

Una tarde del 7 de agosto la espera de mi madre llegó a su fin... Los dolores de parto eran cada vez más intensos. Hubo que ir a traer a mi papá a su otra casa para que tomara las riendas de la situación, ya que solo estábamos mi hermano Galo y yo, perplejos, sin saber qué hacer. Fue entonces cuando Juan Torres, cuñado de mi madre, avisó a nuestro padre y él contrató un automóvil para trasladarla a un hospital en la ciudad de Santa Bárbara.

Yo me aprestaba para ir a recibir mis clases en el colegio. No acompañé a mi mamá por ese motivo y porque me quedé a cargo de mi hermano.

Mi hermana mayor estaba estudiando en esa ciudad a la que llegaron buscando atención médica. Ella sí pudo estar con mi madre en el hospital, nuestro padre la fue a traer.

Al recién nacido lo llamamos Joel Eligio, así lo decidió mi papá: Joel porque nació el mismo día que el tío Joel y Eligio por el abuelo. Cuando llegaron a casa, tenía lista la cuna para mi hermanito. ¡Qué impaciente estaba, ya quería conocerlo! Primero, entró mi madre cargando al bebé. Lo cargué entre mis brazos, era tan lindo, grande y gordito. Su piel era casi rojiza. «Creo que va a ser trigueño, como vos», me dijo mi madre... Y así fue.

El abuelo Eligio venía por las tardes a la casa, lo veía llegar por una ventana y le iba a abrir el portón. Entraba y observaba el árbol de guayabas: «Yo sembré este árbol aquí», recordaba. Ingresaba a la casa, tomaba entre sus brazos al bebé y bailaba en la sala con él al ritmo de las rancheras de Los alegres de Teherán. Yo disfrutaba ver tan feliz a mi abuelo… «¡Qué hombre tan bruto este!, ¿cómo puede dejar a este niño tan bonito?», reflexionaba, refiriéndose a mi papá.

Ahora había una personita más a quien cuidar, yo ayudaba poco porque siempre tenía que ir a la casa de la abuela, donde hacía los quehaceres domésticos y cuidaba a los tres hijos de la tía.

Mientras lavaba la ropa, sentía cosquillas en la cabeza y en la espalda… Eran las colas de gato las que me rozaban cuando soplaba el viento. Las colas de gato son unas flores rojas alargadas como la cola de un gato, muy llamativas y bonitas. La abuela las había plantado detrás de la pila de cemento donde almacenaba agua y lavaba la ropa. Al finalizar de lavar y de estudiar, cortaba unas cerezas o naranjas maduras y me las comía sentada en el quicio de la puerta que está frente a la pila.

Así transcurría la vida… para una Semana Santa llegó Joel Eligio a visitar a la abuela. Ella le dio café con pan y el niño cuando terminó quedó triste. Pasó el tío Silas a traer algo a la cocina y, al verlo casi llorando, le preguntó:

—¿Qué te pasa, Joelito?

—Es que quelo oto pan —le dijo el niño.

El tío no pudo contener la risa. Le contó a la abuela lo que le pasaba al niño y ella le dijo que le diera más pan. El cipote se lo comió muy feliz. Desde entonces el tío Silas lo apodó Oto pan.

Y es que esos truenos que hacía la abuela eran tan sabrosos que resultaba imposible comer solo uno. El tío aprovechaba cada reunión familiar para contar esta anécdota provocando la risa de los que lo escuchaban.

Tengo muy presente que mi papá impartía clases en el colegio por las noches. Inicialmente el colegio funcionó en la casa de mi bisabuela Jesús. Años después lo trasladaron a las aulas de la escuela, colina arriba. Antes de irme para el colegio debía dejar lavado el maíz para ir a molerlo en la mañana.

Mi hermano Galito, que tenía siete años, lo acompañaba. Se sentaba a su lado, en otra silla o en sus piernas, comiendo alguna golosina que compraba donde doña Berta o doña Martina, que elaboraban unos riquísimos topogigios, rosquetes, espumillas y tajadas de guineo verde con repollo.

Esta situación cambió al irse mi papá de la casa. Ya no era mi hermano el que lo acompañaba, sino su hijastro. Esto implicó un trauma para el niño porque ya no podía estar ni un rato al lado de su padre. Mi hermana nos contó que un día encontró a Galito con un cuchillo en la mano queriendo hacerse daño. Y al preguntarle el motivo, él le dijo que lo hacía porque su papá ya no lo quería porque andaba con otro niño y no con él.

Los años pasaron... Ante la escasez de recursos económicos necesitaba soluciones. Me levantaba por la madrugada a preparar bocadillos como baleadas y pastelitos para que mi papá los vendiera en la escuela. Así lograba ayudar un poco a mi madre con los gastos de la casa. Encendía el radio para escuchar música mientras cocinaba.

Terminé mis estudios del Plan Básico. Ahora quería seguir estudiando, pero había un problema, no tenía dinero.

Fui donde mi padre a plantearle la situación y me dijo lo que temía: «Lamentablemente no tengo dinero para mandarte a estudiar, así como a tu hermana, si quieres hablaré con tu tío Silas para que te lleve para Danlí y estudies allá».

Esta inseguridad me atormentaba. ¿Qué pasaría si el tío decía que no? ¿Será que no podré estudiar? No podía ni dormir pensando en qué haría si el tío daba una respuesta negativa...

Triste partida

Lo hizo así como dijo. Ese año, 1988, cuando el tío Silas llegó a pasar las fiestas de fin de año con mis abuelos, mi padre habló con él y dijo que sí podía irme con él para Danlí. Preparé mi poca ropa y me fui con el tío. Fue así como dejé mi querido pueblo, a mis abuelos, mi madre, hermanos y amigos para iniciar estudios de Magisterio en una ciudad muy alejada. ¡Cómo extrañaba a mi gente!

En los días feriados iba al pueblo, pero debía regresar. Así terminé el primer año. Ya para el segundo año no quise regresar con el tío porque mi papá me mandaba muy poco dinero y realmente me daba mucha vergüenza que mi tío se hiciera cargo de mis gastos.

Nuevamente apareció la incertidumbre de si podría seguir estudiando o no. Ya mi padre había sido muy claro conmigo. Pero yo estaba decidida a continuar mis estudios y así se lo hice saber.

Así que él le planteó a la tía Nohemí la posibilidad de que me llevara para Tegucigalpa. Ella dijo que sí y en esa ciudad estuve los dos años que me faltaban para terminar mis estudios de Magisterio.

En el año 1989, Óscar también abandona el pueblo para continuar sus estudios de educación media. Se traslada a San Pedro Sula donde su madre. La abuela quedó acompañada de la tía Celestina y de sus tres hijos, que le ayudaban.

El principio del fin

El abuelo Eligio permanecía por más tiempo en la casona. Le faltaban fuerzas para caminar hasta sus tierras. No así para subir las escaleras. Nunca sufrió ningún accidente al subirlas o bajarlas. Ni él ni la abuela.

Mi abuela me narró que un día recibieron la visita de unos predicadores. Entraron a la casona y el abuelo los atendió y charló con ellos.

—Nosotros no creemos en el poder de Jesús —dijo uno de los visitantes.

—Pues yo sí creo —le dijo el abuelo—. Yo sí creo en la Trinidad —añadió. Y le explicó por qué usando un huevo como ejemplo—. Así como el huevo consta de tres partes, cáscara, clara y yema, así la Trinidad está formada por Dios Padre, Dios Hijo y Dios Espíritu Santo. Los tres están investidos de poder y autoridad —refutó el abuelo.

Los visitantes, al no tener argumentos para seguir polemizando lo dicho por el abuelo, optaron por retirarse y no volvieron nunca más.

Los abuelos viajaban a menudo a Tegucigalpa y casi siempre los acompañaba. Los tíos que vivían allá los llevaban a realizarse exámenes médicos. En uno de tantos estudios que le practicaron al abuelo, descubrieron que tenía problemas en el hígado. Inició un tratamiento, tomando medicamentos, pero su salud se deterioraba cada vez más.

Ya no podía ir a sus tierras, no caminaba de forma normal, se cansaba; incluso se desorientaba. Un día lo encontraron por la carretera que conduce a Las Flores, una aldea cercana, y él iba para las Lomas, que estaban en dirección opuesta.

Debido a lo acontecido la abuela tomó sus precauciones: «Es mejor que ya no salga solo a ningún lado», le sugería la abuela Tina. Él reaccionaba molesto y, en el menor descuido de todos los que estábamos en la casona, agarraba su sombrero, machete y unos lazos e iniciaba su caminata a Tierra Blanca.

Una vez, no encontramos al abuelo por toda la casona.

—Ya se fue, hoy se pierde, anda donde Memo y dile que lo vaya a buscar ahí por el camino de la Quebradita —sugirió la abuela.

Yo fui corriendo a darle el mensaje a Memo, un hijo del tío Quique. Tal y como lo sospechó la abuela. Pasados unos minutos, llegó Memo con el abuelo.

—Lo encontré por el camino de la Quebradita, iba llegando a los potreros —detalló Memo.

Desde esa vez, la abuela le escondió el machete, la jáquima, los costales y los lazos para evitar otra posible salida del viejito, que se la pasaba sin quehacer en la casona.

Era normal verlo caminar con su rostro desencajado, de un extremo a otro del corredor para calmar su ansiedad. Llevaba su silla mecedora al corredor, ahí pasaba largas horas platicando con quienes lo visitaban o pasaban por la calle. Les contaba anécdotas. Mientras se mecía en su silla, limpiaba las uñas de sus manos, unas con otras, se rascaba la cabeza y los brazos.

Los medicamentos que tomaba le ocasionaban comezón en la piel como efecto secundario. A pesar de ello, reía mucho al recordar una anécdota sobre su primo Ramón Paz, don Moncho, quien vivía a dos casas de la casona, en la calle principal del pueblo, frente a la plaza.

—Estaba un día el primo Moncho sentado en una silla en el corredor y se le acercó don Constantino Paz a platicarle. Don Moncho le dijo: «Primo, mire que anoche soñé con el número ganador de la chica, es tal número». «Pues lo voy a comprar a ver qué pasa y, si gano, regreso y le doy a usted unos cuantos pesos», afirmó don Tino.

Llegó el domingo, jugó la lotería o chica menor y, para alegría de don Tino, cayó el número que él había comprado. Reclamó su premio, pero no cumplió lo dicho de llevarle unos pesos a don Moncho. Pasaron los días y don Tino vio a don Moncho otra vez sentado en la acera. Lo saludó y le preguntó: «¿Y volvió a soñar con el número ganador de la lotería?». Don Moncho, que supo que días atrás había ganado con el número que le dio y que no cumplió su palabra de compartirle el premio, muy molesto le dijo: «Pues mire, amigo, yo no soñé nada, yo me acuesto a dormir, no a soñar».

El abuelo no paraba de reír cuando contaba este evento.

Era enero de 1990, tiempo de vacaciones, pero tuve que irme para Tegucigalpa para ayudar a mi tía Nohemí a cuidar a sus hijos, ya que ella estaba en el pueblo porque el abuelo Eligio estaba muy enfermo.

Cuando me fui para la capital el abuelo se quedó en cama. Ya no se levantaba y no comía ni bebía mucho. Yo lo veía mal de salud. Sus hijos doctores estaban a cargo de cuidarlo.

Los viajes a Tegucigalpa me encantaban porque me gustaba ir por todo el trayecto contemplando los hermosos paisajes, montañas cubiertas de árboles de pino, los ríos y no podía faltar la parada en el Lago de Yojoa, donde mi tía nos invitaba a comer pescado frito.

Una mañana pasó lo que temía: «Tenemos que irnos ya para el pueblo —dijo el doctor Zavala, esposo de mi tía—, tu abuelo Eligio murió». Sentí un inmenso dolor y como pude preparé a los niños e iniciamos el viaje en un carro Toyota azul con camper.

Con su muerte el 17 de enero, a los 90 años, se traza el principio del fin de una de las familias más reconocidas de Concepción del Norte, Santa Bárbara.

Llegamos y todo era tristeza. Me conmovió tanto ver desconsolada a la abuela Celestina e imaginaba cómo sería su vida ahora que el abuelo no estaba luego de 55 años juntos.

Era difícil el momento, todos los tíos y primos estaban muy dolidos. El velorio y el entierro fueron de los más concurridos del pueblo, pues el abuelo se había ganado a pulso el afecto de los pobladores.

La vieja casona de madera ya no sería igual sin el abuelo Eligio. Las noches de velada con los chistes del tío Céleo, las carcajadas del tío Silas y de la tía Mimí, la guitarra del tío Moncho y sus canciones que terminaban hasta la una o dos de la mañana ya no tendrían la misma alegría ante su pérdida.

Las fiestas de Semana Santa, Navidad o Año Nuevo ya no se revestirían del mismo entusiasmo que se respiraba con la llegada de los tíos y primos que venían desde San Pedro Sula y Tegucigalpa. Todos esos pensamientos invadían mi mente.

Después del entierro, casi todos los familiares que habían llegado tuvieron que regresar a sus lugares de trabajo fuera del pueblo. No todos abandonaron el pueblo, algunos hijos se quedaron con la abuela para que no se sintiera tan sola. La vida continuó para la abuela… un retrato más colgó en la pared donde estaban sus seres queridos fallecidos, el del abuelo Eligio.

Me contó mi hermana con voz entrecortada que ella estaba presente en el momento de la muerte del abuelo. «Murió en el recinto donde estaba la mesa de billar, ahí dormía, nunca perdió la razón; nos reconocía a todos lo que estábamos a su alrededor, por un momento ya no habló más, nos echó una mirada a todos, como diciendo adiós. Cerró los ojos y murió. Yo guardé en una bolsa la ropa que tenía puesta y me la llevé para mi casa», decía mi hermana.

Ciertamente esa ropa continúa en nuestra casa, conserva el aroma del abuelo y algunos de sus cabellos.

La abuela Tina trató de sacar adelante el tema de las tierras, pero eran muchas y le resultó casi imposible. La tía Nohemí era la que más ayuda le brindaba, sobre todo en la parte económica.

En la época de verano el Cerro del Viejo ardía en llamas. «¡Qué temeridad, ese fuego llegará a la finca!», afirmaba la abuela. Desde el comedor, cuyas ventanas estaban cubiertas con tela metálica, se podía ver el siniestro y escuchar el sonido que producían las llamas al arrasar con todo a su paso.

«Corre a decirle a Quique que se vaya ya para El Cerrón a hacerle ronda al incendio». Yo, muy obediente, me iba corriendo a buscar a Quique, quien ya se había percatado del problema e inmediatamente se trasladaba al lugar de los hechos acompañado de otras personas que le ayudaban a evitar que el fuego arrasara con los cultivos de las tierras de los abuelos.

Mientras tanto, ya la abuela realizaba menos labores, su avanzada edad no se lo permitía. Siempre mi primera visita al bajarme del autobús era a la casona. Allí estaba la abuela, quien me recibía con un fuerte abrazo, un beso y una taza de café.

Luego de entrar a la casona, rumbo a mi casa, también visitaba a doña Berta, la esposa de mi tío Enrique. También me recibía con un beso y no faltaba la taza de café. Después de platicar un rato con ella y con el tío Quique me iba rumbo a mi casa. La última casa a la que llegaba era a la de mi madre, hasta unas dos o tres horas después de haber arribado al pueblo. No faltaba el reclamo tierno de mi madre ante tal situación.

En una ocasión, no había transporte para trasladarme de regreso a San Pedro Sula. También Gloria, la hija del tío Enrique, necesitaba irse. Decidimos ir a pie hasta Trinidad, donde cogeríamos un autobús. Caminamos tanto… más de tres horas. Hasta se nos rompieron los zapatos por caminar entre las piedras. Tuvimos que retirarlos de nuestros pies. Al entrar al autobús estábamos descalzas y los demás pasajeros viéndonos, ¡qué pena sentí!

Otra mala noticia llega a la vida de la abuela. Era el año 1991 y su hermana Trina falleció en la ciudad de San Pedro Sula, tras lidiar con la enfermedad que padecía. La abuela estaba destrozada. Con la muerte del abuelo y ahora su hermana… la melancolía invadía su rostro. Ya no era la misma. La sonrisa y el brillo de sus ojos se opacaron.

Pasaron seis años en relativa paz… La abuela iba a Tegucigalpa y regresaba.

Transcurría el año 1997. La abuela recibió dos fuertes golpes emocionales. El tío Eligio llegó de visita y aprovechó para ir a la montaña a un terreno de su propiedad a la que llamaba Los Jilgueros. Cuando regresó cansado por el viaje, decidió cortar con un machete las malas hierbas del solar de la casona. Al terminar, se dio un baño porque tenía que regresar a San Pedro Sula ese mismo día. Estando en el pueblo empezó a sentirse mal. La abuela creyó que le había hecho daño el baño después de agitarse con la caminada y la chapeada.

Aun así, se fue para San Pedro Sula. Ya en casa con sus hijos, los síntomas empeoraron y lo llevaron de emergencia a un hospital. Tras practicarle muchos análisis clínicos, los doctores informaron a la familia de que su estado era de gravedad, de muerte. Sus órganos internos estaban paralizados, no estaban realizando las funciones correctamente. Prácticamente solo el corazón y los pulmones estaban casi normales.

Y así pasaron uno o dos días. Seguía delicado. La abuela viajó desde el pueblo para enterarse de su estado. Al saberlo, se quebrantó, era su primer hijo enfermo de muerte. El tío sentía fuertes dolores, insoportables, según los doctores. Debido a esto y para evitarle tanto sufrimiento, los especialistas sugirieron a la familia inyectarle morfina. Aceptaron la sugerencia y se la aplicaron.

Estábamos resignados esperando el desenlace fatal. Todos, excepto Rosa María Hernández Paz, hija de la tía Rosa. «No es posible que no hagamos algo, somos una familia de fe —afirmó—. Recuerden lo que dice en la Biblia en Santiago 5:14, "¿Está alguno enfermo entre vosotros? Llame a los ancianos de la Iglesia, y oren por él, ungiendo con aceite en el nombre del Señor"».

Acto seguido, salió en busca del pastor Misael Argeñal y lo llevó al lecho de muerte del tío.

El pastor y todos los que estábamos presentes empezamos a orar. El religioso al finalizar la oración dijo: «Levántate y anda». Y ante la mirada de asombro de todos, el tío, como por inercia, se sentó en la cama. «Denle algo de comer y beber», solicitó el pastor. Las enfermeras, inmediatamente, le llevaron comida y bebida al tío.

Fuimos testigos de un hecho milagroso. El tío recuperó la salud y testificaba este hecho en todas partes donde asistía... Después de varios tratamientos, pudo llevar una vida normal. ¡Qué maravilla, el tío estaba bien, la abuela se veía muy contenta!

Días después el tío contó que, en su agonía, a lo lejos vio a un hombre alto, vestido de blanco resplandeciente y que le ordenó que se levantara. «Yo lo vi como a un ángel», afirmaba el tío, agradecido.

Buscando una explicación a lo que le había ocurrido, comentó que cuando estuvo en Los Jilgueros almorzó sopa de gallina india. La gallina se la arrebataron a un tlacuache o coyopol que la había atrapado. «La dejó mordida, pero solo le quité el pedazo», le dijo la señora que preparó la sopa.

La abuela supuso dos cosas: que se había enfermado por esa sopa, que había cogido alguna bacteria por la saliva del animal o que le hizo mal bañarse después de asolearse. No supimos la verdad. Lo importante fue que el tío milagrosamente se recuperó.

Se acercaba la Navidad, pero la abuela se mostraba ansiosa y preocupada porque el tío Gabriel no había llegado a la casona por varios días. Mandó a preguntar qué le pasaba. No querían decirle que su tío estaba en cama y no mejoraba. ¡Cuánta falta le hacía verlo!

No hizo preparativos para las celebraciones decembrinas ante la incertidumbre de no saber si el tío Gabriel recuperaría su salud. El 17 de diciembre recibe la infausta noticia de su muerte. El tío había nacido en 1894. Vivió durante 103 años.

Qué triste estaba, yo no hallaba palabras para consolarla. Mandó a enmarcar una fotografía de él y colgó el retrato en la misma pared donde estaba colgado el retrato de sus padres. Ahora tenía motivos para que su peregrinaje nocturno fuera más largo.

Se la pasaba cabizbaja y muy sola en la casona, solo la tía Celestina la acompañaba, pero la tía combinaba su estadía en la casona con viajes frecuentes a Tegucigalpa donde estaban su esposo e hijos.

La tía Nohemí viajaba mucho. Estuvo en México durante un año estudiando una especialización en Medicina y Cirugía. Durante ese tiempo, la abuela y yo cuidamos a sus hijos. También visitó Uruguay, Japón y otros países más. La tía logró colocarse en la Secretaría de Salud. Ahí trabajó por muchos años como directora del área de epidemiología, realizando una labor encomiable y por la cual fue galardonada a nivel nacional e internacional.

La carrera profesional de la tía doctora estaba en su mejor momento. La familia compartía sus éxitos y alegrías; pero una mala noticia transforma en tristeza toda esa felicidad. Transcurría el año 2001. El hijo mayor del tío Silas enferma de gravedad y fallece tras permanecer hospitalizado por varios días. Su muerte nos consternó a todos, especialmente a la abuela Celestina, se trataba de su primer nieto fallecido.

También a la tía Nohemí, la muerte de su sobrino le afectó sobremanera. Entró en un cuadro depresivo. En el velatorio la vi muy acongojada. Platiqué con ella. «Me duele mucho la muerte de Silitas, estaba tan joven, solo tenía 23 años. Hicimos todo lo humanamente posible para salvarle la vida, pero no se pudo. Y detrás de él voy yo», aseveró, enjugando sus lágrimas con un pañuelo. «No diga eso, tía, usted es una mujer joven, tiene mucho camino por recorrer todavía», le dije.

Era el año 2003. Se da un hecho de inmensa alegría para la familia Paz-Madrid. El tío Juan gana un premio en la Loto. Recibe de premio más de tres millones de lempiras. Compartió su premio con todos sus hermanos y reparó el cerco de la casona. Compró pintura para embellecerla y la pintó por dentro y por fuera, quedó preciosa. Le ayudé a pintarla y en una tarde que estábamos tomando un descanso, escuché decir a la abuela:

—Ya me puedo morir tranquila, la casa está muy bonita; los que vengan a mi funeral no verán el desorden que había —manifestó la abuela.

—No piense eso, mamá, la pintamos para que usted la vea bonita —le dijo el tío Juan.

Pero como las malas noticias no faltan, el 18 de diciembre del año en curso sucede lo que la abuela, como toda buena madre, nunca quiere presenciar; la muerte de su primera hija. La tía Nohemí había sufrido un accidente automovilístico de regreso a Tegucigalpa y perdió la vida a los 53 años.

Al enterarme recordé la conversación que sostuve con ella en el velatorio de Silas Elvin y medité sobre su afirmación: «Detrás de él voy yo»… Y así fue. Murió después de él. No cabe duda de que las palabras que salen de nuestra boca tienen un enorme poder…

Sentí una profunda angustia y pensaba en si la abuela resistiría tanto dolor, porque en una de nuestras largas charlas me comentó que no iba a aguantar la muerte de uno de sus hijos. Vinieron a mi mente esas palabras ante lo ocurrido a la tía Nohemí y, muy dentro de mí, sentí que, ciertamente, no podría sobrellevar esa carga.

«Yo admiro a tu bisabuela Juliana, que se le han muerto varios hijos y sigue ahí, no sé cómo hace —me dijo un día la abuela—. Yo no sé qué haría si muere uno de mis hijos», prosiguió.

El tío Juan se encargó de darle tan trágica noticia. La abuela estaba casualmente en Tegucigalpa, en la casa de la tía Celestina. El dolor la sumió en una honda tristeza. Nada la consolaba. No quiso comer durante unos días, ni estar presente en su velatorio ni en el entierro.

La abuela se quedaba por más tiempo en Tegucigalpa, al pueblo iba de vez en cuando. La muerte de la tía le causó tan grande impacto que nunca más fue la misma. Yo sentía que la abuela se nos iba también…

Cayó en estado de depresión. Estaba muy delgada y débil a pesar de las atenciones del tío Juan, que se esforzaba por cuidarla. Se la pasaba llorando y no quería realizar ninguna labor en el hogar. ¡Y cómo le gustaba hacer tortillas de maíz! Así vivió durante dos largos y tormentosos años.

Y para mi amada abuela seguía el luto. Su hermano Guillermo, al que todos llamábamos Yemito, enfermó de gravedad. Tras varios intentos por preservarle la vida, falleció el 25 de enero del año 2004 a los 87 años.

Para el año 2005 le pidió al tío Juan que la llevara a la casona porque se sentía muy enferma. El 7 de abril cumplió 92 años y algunas de sus nietas organizamos el viaje para el pueblo y le llevamos un pastel para celebrarle su cumpleaños.

Aunque ya se veía enferma, una ligera sonrisa apareció en su rostro atribulado cuando nos vio entrar a la sala, y continuó sonriendo al ver cómo mi hija María Celeste bailaba frente al televisor y declaró: «Qué linda, mi bailarina».

Ahí estaba mi amada abuelita, sentada en un cómodo sillón negro que le había llevado el tío Juan. Vestía una bata blanca, con unos cabellos sueltos y otros recogidos en un moño. Nos pidió cantar muy bajito el *Feliz Cumpleaños*, porque a dos casas de la suya estaban velando el cuerpo sin vida del tío Cecilio Paredes.

Luego de despedirnos de la abuela, fui al velorio del tío Chilo. Entré y con la mirada busqué a mi bisabuela Juliana, la encontré junto al ataúd que contenía el cuerpo de su hijo; la vi tan frágil y desvalida con ese cuerpo tan delgado... Me dirigí hacia ella y la abracé fuerte. Su cabeza estaba envuelta con una toalla. Lloraba sin consuelo. Estuve unas pocas horas porque esa misma noche regresamos para San Pedro Sula por cuestiones de trabajo.

Al día siguiente me comentó mi madre que la abuela le dijo que quería que yo fuera a cuidarla, que estuviera con ella en la casona. Pero que le había dicho que era casi imposible hacerlo porque yo estaba trabajando.

Y diecinueve días después tuvimos que regresar al pueblo. El 26 de abril mi corazón sintió un dolor indescriptible. La abuela, con la que pasé muchos años de mi vida, había emprendido su viaje al más allá. Sufrió un paro respiratorio y murió. Llegamos y ahí estaba mi bella abuela. Una larga trenza en su cabellera me hizo recordar las veces que la vi haciéndosela. Esmeralda Martínez, la esposa del tío Céleo, se encargó de vestirla y peinarla.

Su velatorio se hizo en el mismo lugar de la casona donde estuvo el cuerpo del abuelo Eligio.

La miraba inerte y no podía evitar pensar en qué pasaría ahora, quién cuidaría de la casona. Más de una vez ella me dijo: «Esta casa al morir yo se va a terminar cayendo, si mis hijos ya casi no vienen a verme, qué van a venir a ver la casa cuando esté sola».

Todos sus hijos y la mayoría de sus nietos estaban acompañándola, pero nadie se quedaría a vivir ahí.

Sí lo hizo la tía Celestina, quien, por su trabajo en el preescolar, no podía irse. Vivió sola en la casona, hasta que llegó el tiempo de su retiro de la docencia.

En las elecciones generales, celebradas a finales del mes de noviembre del año 2005, el tío Céleo aspiró a convertirse en alcalde del municipio de Concepción del Norte, para los venideros cuatro años. Participó como candidato por el Partido Liberal. Tras el conteo de votos resultó electo. Mi padre celebró alegremente este triunfo. Lo vi llegar al parque por la noche para unirse a la multitud que ya había iniciado los festejos. Al tenerlo cerca, lo abracé con mucha emoción. Y su alegría fue doble porque el candidato a la presidencia de la República por el Partido Liberal, Manuel Zelaya Rosales, fue el ganador de los comicios presidenciales.

Temor hecho realidad

Era el año 2006 suceden varios eventos tristes, la desgracia llamó nuevamente a nuestra puerta. El tío Walberto Madrid, hermano de la abuela, después de largos días lidiando con el mal del que sufría, finalmente muere el 15 de octubre a la edad de 86 años. Me trasladé al pueblo para estar presente en su funeral y aproveché para visitar a mi papá.

Pocos días, casi al mes después de la muerte del tío, mi padre sufre un infarto y como recibe atención médica tardía —porque hubo que transportarlo desde el pueblo hasta Santa Bárbara—, su corazón resulta con severos daños, a tal grado que solo una pequeña parte de él estaba funcionando. En el hospital es rápidamente atendido por su prima Maribel Madrid, hija del tío Beto. Ella laboraba como enfermera en dicho centro hospitalario y gestionó para que fuera trasladado a San Pedro Sula en una ambulancia.

Estuvo varios días hospitalizado. En uno de esos días, nos reunió a sus cuatro hijos y nos dijo: «Sé que les he fallado como padre y les pido perdón». Lloramos y lo abrazamos. Le dijimos que ya lo habíamos perdonado.

«No comprendo cómo usted está vivo, señor, si su miocardio está casi totalmente dañado, solo un pedacito le funciona», dijo la cardióloga que lo atendió luego de observar el electrocardiograma practicado.

Se recuperó satisfactoriamente, del infarto y de un derrame facial que lo afectó repentinamente, estuvo en mi casa; el tío Eligio se quedó unos días para hacerle compañía. La tía Rosa, los tíos Moncho y Céleo lo visitaron, también Oscarito llegó, pero igualmente se desesperaba por estar sin nada que hacer. Un día desapareció. Mi hermano Galo salió a su búsqueda y para su sorpresa venía ya de regreso en un taxi. Por casualidad, un hombre amigo de él lo reconoció en una calle muy alejada de la casa, se detuvo, lo saludó, le preguntó qué andaba haciendo por ahí solo y decidió trasladarlo a la casa.

Ante tal situación, decidimos llevarlo al pueblo donde se entretenía vendiendo productos en una pulpería de su propiedad.

Era el año 2007. «Le tengo temor a los años impares», me dijo mi tío Silas un día que nos encontramos. Espero que nada malo pase… Y los temores del tío no se hicieron esperar.

Parecía como un patrón que se repetía cada dos años… 2001, Silas Elvin; 2003, la tía Nohemí; 2005, la abuela Celestina… Y esta vez mi herido corazón experimentaría un dolor aún más fuerte de lo que sintió con la partida de la abuela.

La madrugada del 10 de julio recibí una llamada del tío Héctor para darme la noticia que me puso el mundo al revés. Mi papá había sufrido otro infarto. El tío Céleo lo transportó en su vehículo, tocó a la puerta de dos doctores y ninguno lo atendió. Sí lo hizo el tercer médico al que recurrió, un galeno cubano. Este corrió hasta el automóvil, le tomó los signos vitales y le dijo al tío: «Lo lamento, su hermano murió». Estos hechos los narró el tío días después.

Al saber de su muerte me sentí aturdida, lloré hasta que no pude más. Hice todos los preparativos para viajar. Llegamos y no quería entrar al lugar donde estaba el cuerpo de mi papá, que era el mismo sitio de la casona donde estuvieron los cuerpos de los abuelos. Luego de un largo rato, me bajé del automóvil y fui a ver el cuerpo de mi padre. ¡Qué dolor tan fuerte sentí al ver a mi papá sin vida! Me dolían hasta las uñas.

Mi dolor no tenía parangón, porque mi padre llegaría a mi casa en San Pedro Sula, ya que el 14 de julio celebraría mi cumpleaños. Él me llamó unos días antes de su muerte para informarme de su visita. Sería la primera vez, que recuerde, que en mi cumpleaños estaría conmigo. ¡Qué feliz estaba!

Pero toda esa alegría se convirtió en dolor, frustración y amargura… Tras su entierro me quedé en el pueblo y pasé mi cumpleaños en su tumba… Desde entonces, mis cumpleaños han perdido felicidad porque me es difícil olvidar lo acontecido.

Me di cuenta de que para ir a San Pedro Sula fue a pedirle a una señora que le pagara parte del dinero que le había prestado meses atrás. Dicha mujer se negó a pagarle, él se molestó y en su delicado estado de salud no podía recibir ese tipo de emociones. El incidente ocurrió en la tarde, y en la noche, lamentablemente, se infartó por segunda vez.

Fueron muchos los parientes y amigos que nos acompañaron en este difícil momento. El día del entierro los estudiantes del colegio, dirigidos por la profesora Olga Paredes, formaron una valla en la calle por donde pasó el ataúd con el cuerpo de mi padre. Fue un momento muy emotivo para los presentes.

Su muerte a los 66 años me causó una fuerte depresión. Por más de 15 días lloré y lloré. No quería hacer nada. No le hallaba sentido a la vida y me preguntaba por qué se me negó la alegría de estar con mi padre en mi cumpleaños. Hasta hoy no lo comprendo…

Mi tristeza no cesaba, hasta que una madrugada tuve un precioso sueño… vi a mi papá a través de la ventana de mi cuarto y me dijo: «Nenita, ya no llores más, yo estoy bien, te vas a enfermar». Desperté del sueño un poco aliviada y con el firme propósito de aprender a vivir con tanto dolor.

Pasados varios años nos enteramos de que el tío Eligio estaba muy enfermo. Le había afectado una terrible enfermedad y libraba una dura batalla al lado de su esposa e hijos.

Transcurría el año 2010. Después de tantas desgracias ocurridas en la familia Paz-Madrid, las cosas marchaban bien.

El hermano menor de la abuela Tina aún vivía. Ya eran 88 años de vida del tío Quique. Pero el 15 de mayo del año en curso, muere. Berta, una de sus hijas, me comentó que en una de sus últimas conversaciones el tío quería verme, mencionó mi nombre. Sentí gran pesar por no haber ido a verlo cuando aún estaba con vida. Sí asistí a sus exequias.

Pasó el tiempo, la vieja casona estaba en problemas. La tía Celestina, que cuidaba de ella, se trasladó a vivir a Tegucigalpa y quedó prácticamente abandonada, tal cual lo había vaticinado la abuela. El tiempo no perdona y la casona está casi en las ruinas, pero ahí está, resistiendo las malas rachas.

Asomboso acontecimiento

En el año 2013, René Madrid, hijo del tío Guillermo, su esposa Martina Paredes y su hija Verónica fueron testigos de un acontecimiento asombroso. Ellos viven en la casa que era de la bisabuela María de Jesús Madrid, quien al morir la heredó a su hijo Yemito y este, a su vez, la cedió a René en herencia también.

Un día después del almuerzo, como a la una de la tarde, escucharon ladrar insistentemente a Luna, una perra negra que mi hermano Galo les regaló. Ella recientemente había parido varios cachorros. René salió por la puerta de la cocina a ver qué le pasaba a la perra, que no paraba de ladrar y miraba hacia el techo. Fue cuando René se percató de que había algo extraño al lado del tubo de la chimenea. Le gritó a Martina y esta corrió al llamado.

«Era algo así como un barril, plateado, con unas ventanitas de vidrio. Yo vi adentro a unos viejitos con orejas largas, como esos que se ven en la televisión, estaban como agachados —describió muy asustada doña Martina—. Llamé a Verónica y también los vio, yo no dejaba de gritar, sería que se asustaron por eso y lentamente esa cosa se empezó a elevar y pasó muy bajito por la casa de Suyapa. Lo vimos hasta que se fue allí por el cerro del Espíritu Santo, buscando como para la montaña de Cuchilla alta», agregó.

Doña Martina aseguró que muchas más personas del pueblo lo vieron porque iba volando muy bajo, era visible. Ella escuchó a alguien que gritó: «Miren eso que va volando ahí».

Por cómo los testigos cuentan dicho evento parece que presenciaron la visita de una nave extraterrestre. A decir verdad, no me extraña, no es la primera vez que escucho algo así. Hace varios años, Hugo Hernández, el esposo de la prima Aura María, me narró cómo una noche, mientras él cuidaba un sandial en la ribera del río Ulúa, escuchó ruidos y al buscar con la mirada de dónde provenían, vio en el cielo, una nave con las luces encendidas y parecida a la descrita por René y Martina. «Entró en las cuevas de La Botija, me dio temor y mejor me fui a dormir a la casa», afirmó.

Dicho cultivo estaba en la periferia del pueblo, como a 15 minutos del centro de la comunidad.

Más tristezas

Recién pasadas las fiestas decembrinas, el luto envuelve a la familia. Don Rubén Paz sufre una caída y se complica su estado de salud. Fallece el 5 de enero de 2014 a los 93 años de edad. Estuve presente en su velatorio, acompañando a sus hijos que viajaron desde el extranjero.

La vida seguía su curso normal. No para la tía Berta, que, a consecuencia de la muerte del tío Enrique, estaba muy triste. Él fue su compañero de vida, inseparable. Su muerte le afectó demasiado. La visitaba y solo me hablaba de él, sin parar de llorar. Cinco años resistió su ausencia. El 29 de mayo del 2015, la tía Berta falleció a la edad de 80 años.

Era diciembre del año 2015. Tío Céleo es internado por presentar fuertes dolores en el abdomen. Los resultados de los análisis clínicos eran perturbadores. La familia estaba angustiada. Les informaron de que el tío sufría de cáncer de colon en etapa tres. Fue sometido exitosamente a una intervención quirúrgica para extirpar el tumor. Después estuvo en tratamientos que hicieron desaparecer su mal. El tío testifica que fue un verdadero milagro lo que le sucedió, ya que son muy pocas personas las que sobreviven a esta mortal enfermedad.

El tío Elías, hijo del primer matrimonio del abuelo Eligio, estaba en comunicación con sus hermanos. Durante muchos años viajó a pie desde la aldea de Concordia hasta el casco urbano para visitarlos. Luego de charlar, comer y tomar café, se regresaba a la aldea. Finalizaba el año 2016 y el tío, que meses atrás venía presentando problemas de salud, empeoró y murió el 8 de diciembre. Asistí con mi madre a su entierro.

El tío Juan viajaba al pueblo de vez en cuando y le realizaba uno que otro arreglo a la casona. La madera que se mojaba estaba deteriorada. El viento voló una parte del techo de la cocina y se estaba mojando. Pero dejó de ir porque se enfermó. Por largos meses estuvo hospitalizado y en su casa postrado en cama.

El año 2020 nuevamente la familia sufre otro revés. El tío Juan, primer hijo de los abuelos, pierde la lucha contra la enfermedad que lo aquejaba. Muere el 2 de marzo, a la edad de 84 años. Su cuerpo es trasladado desde Tegucigalpa y es velado en la vieja casona, en el mismo sitio donde fueron velados mis abuelos y mi padre. Marta, una de las hijas del tío Quique, Claudia y Glenda, sus sobrinas, se encargaron de acondicionar la sala para el velatorio, al igual que lo hicieron para la muerte de mi abuela y la de mi padre.

Asistí a su funeral, ahí encontré al primo Óscar, mi compañero de aventuras en la casona, entre muchos otros parientes. Fue inevitable sentir tanta nostalgia e impotencia al ver lo deteriorada y descuidada que se observaba la casona, como cualquier casa vieja, en el más cruel de los abandonos. Reviví mis bellos momentos en esa casa. Mis ojos lloraron no solo por la muerte del tío, sino por el estado de la que fuera una de las casas más lindas del pueblo.

Pasados unos cuantos meses, nuevamente la familia estaba de luto. Esta vez se trata del segundo hijo de los abuelos Paz-Madrid. El 20 de febrero del año 2021, el tío Eligio muere. Fallece a la edad de 83 años, en San Francisco, Atlántida. Debido a la pandemia del covid-19 nos fue imposible asistir a su sepelio. Curiosamente, murió el hijo mayor y, seguidamente, el segundo hijo en nacer muere después de él.

Con su muerte, ya suman 4 hermanos fallecidos: Nohemí, Hildegardo, Juan y Eligio. Sobreviven 6 hijos de los abuelos: Céleo, Celestina, Rosa, Ramón, Joel y Silas.

Transcurría el mes de julio y René, el testigo ocular de la nave extraterrestre, sufre complicaciones de gravedad en su salud. Muere el 22 del mes en curso, a la edad de 82 años. «En la tarde del día que murió, lo escuché llamando a Juan, eso no me gustó», confesó Martina. Y es que René, además de ser primo del tío Juan, era su mejor amigo desde la infancia.

Pasar por el centro del pueblo y ver la casona me da mucha melancolía. No puedo evitar las lágrimas. Evoco cada momento que viví en ella. Cierro mis ojos e imagino que el tiempo no ha transcurrido y hasta parece que veo a mis amados abuelos y que escucho sus voces.

Hubiese deseado que vivieran por más años; pero comprendo que la vida está hecha de momentos, unos felices y otros tristes. Y todos están en mi recuerdo.

La antigua casona ha permanecido deshabitada por largos años. ¡Cómo olvidar cuando subía las escaleras y me parecían tan grandes y el espacio tan amplio! Llegaba, empujaba la puertecita entre las gradas y la planta alta, entraba por la puerta de doble hoja de la sala y miraba quiénes estaban. Eran los dos abuelos sentados en sus sillas mecedoras en la sala, platicando quién sabe de qué.

Entrar ahora da más que tristeza. Solo hay polvo, telas de araña y cosas viejas tapadas con costales y una enorme soledad que cala hasta los tuétanos de los huesos.

La vieja casona fue testigo de tantas alegrías vividas entre la familia, pero también ha presenciado momentos de luto cuando ha servido de funeraria para velar a los miembros que han fallecido.

Desde la muerte de los abuelos, nunca más la familia se volvió a juntar, cada quien por su lado. Ellos eran los que propiciaban la unión familiar. Jamás se escuchó la algarabía de los años pasados, cuando los hijos y nietos llegaban a vacacionar.

Todos esos momentos están solo en la memoria de quienes los vivimos y los hicimos parte fundamental de nuestra vida al darles la importancia que merecen.

Rumores

Una noche, después de las clases en el colegio, me quedé sentada en las gradas de la casa de don Rubén Paz, estaba acompañada de un joven y a la espera de mi padre para irnos para la casa. Eran, por tarde, las 9 de la noche. En lo mejor de la plática estábamos cuando empezamos a escuchar pasos dentro de la casa. Esta tenía piso de madera y si alguien caminaba se escuchaba.

—Ya despertamos a don Rubén, hablemos en voz baja, se va a molestar —le dije al joven, y continuamos charlando. De repente, la puerta de doble hoja de entrada a la casa se abrió. Nos levantamos de las gradas, esperando que quien abrió la puerta saliera, pero no salió nadie. Continuábamos charlando, de pie, a un lado de las gradas, cuando vimos que una persona venía ahí por la casona. A lo lejos no la reconocimos, pero a medida que avanzaba, vimos que se trataba de don Rubén, que llegó con su característico sombrero y su foco de mano. Lo saludamos y le dije:

—Escuchamos pasos adentro y luego alguien abrió la puerta, mire.
—Y le señalé la puerta que permanecía abierta.

—¡Ah, sí!, ¡a veces me ha pasado cuando estoy dormido, escucho pasos, también me mecen la hamaca, me despierto y veo la puerta abierta! ¡Me levanto a cerrarla! —aseveró sonriendo—. Sentado en la hamaca pregunto: «¿Sos de esta vida o de la otra?» —añadió don Rubén. Sentí espanto y después de despedirme de los presentes, me fui sola para mi casa, no esperé a mi papá.

Creí que lo que don Rubén me dijo sobre los eventos que se daban en su casa, había sido solo para que me fuera, pero él continuaba contando sobre ellos en cada oportunidad que se le presentaba cuando nos visitaba y no lo hacía en son de broma. «Yo creo que en esa casa debe haber enterrado algún tesoro, a veces me dan ganas de cavar para buscarlo», afirmaba don Rubén con mucha seguridad.

Hay quienes también afirman escuchar ruidos en el interior de la casona, sobre todo en la planta alta. Las personas agoreras aseguran que son los espíritus de los difuntos que vivieron en ella, las incrédulas en estos temas dicen que son ratones o murciélagos que aprovechan la oscuridad para hacer de las suyas.

La planta baja de la casona ha sido alquilada en varias ocasiones. Algunos inquilinos dicen haber oído extraños ruidos en la planta alta, incluso alguien manifestó haber visto a una mujer vestida de blanco sentada en las escaleras. Fue tanto su temor después de esto, que optó por irse de la casa. «Esa mujer salió espantada de ahí», relató Eleana, quien habló con ella días antes de marcharse.

Una noche, mi madre y yo tuvimos que quedarnos a dormir en la casona. Estaba toda polvosa. Limpiamos solo la habitación donde dormimos. Como el baño queda en la planta baja, mi mamá bajó sola. Era medianoche. Cuando regresó me dijo:

—Mira que ahorita que venía subiendo las escaleras escarraron dos veces.

—Alguien debe estar en la acera —le dije. Asomamos la cabeza por la ventana y no había nadie.

Nos acostamos. Fue imposible conciliar el sueño. Al otro lado de la habitación, en el cuarto de la abuela, escuchamos muchos ruidos, quizás eran ratones o murciélagos. Lo cierto es que estuvimos en vela casi toda la madrugada.

También me contó David Paredes que, para el velorio de Darío Torres, a la media noche, una de las puertas de doble hoja de la planta baja de la casona, exactamente en el recinto donde velaron a los abuelos, a mi padre y al tío Juan, se abrió como indicando «traigan el cuerpo para acá» o «aquí hay espacio para que se sienten», comentó.

Los acompañantes se espantaron al percatarse de lo sucedido y algunos optaron por irse. A alguien se le ocurrió la idea de ir a llamar al tío Céleo para que viniera a cerrar la puerta.

Darío era hijo de doña Ernestina Ramos, vecina y amiga de la abuela Tina. Como las personas no cabían en el salón donde lo estaban velando, algunos optaron por salir y colocar las sillas en la parte de afuera, frente a la casona. Ellos fueron los que presenciaron lo sucedido.

—Yo estaba ahí y vi lo que pasó —me confirmó David Paredes—. El profesor Céleo vino rápido a cerrar la puerta —enfatizó David.

—Yo pienso que empujaron la puerta y por eso se abrió, seguramente estaba mal cerrada —analizó el tío incrédulo ante lo acontecido.

Sueño cumplido

Los tíos deciden vender los bienes que forman parte del patrimonio familiar, ya que ellos no están haciendo producir las tierras. Venden los terrenos de las Lomas, Tierra Blanca y las del Cerrón. La familia solo quedó en posesión del Agua Zarca.

También ponen a la venta la casona. Mi corazón se estremeció al darme cuenta de esta noticia. En reiteradas ocasiones la abuela me dijo que su deseo era que un hijo suyo o nieto comprara la casa para que no pasara a manos de alguien que no fuera de la familia.

«¿Cómo podían vender esa casa?», me pregunté una y otra vez. Lloré mucho y deseé desde lo más profundo de mi ser tener el dinero para poder comprarla, pero no lo tenía. ¡Qué impotencia, qué frustración!, ¡trabajar toda una vida y no poder hacer algo que quería hacer!

Pero algo inesperado sucede… Mi hermana se interesa en la compra de la casona, e iniciamos a contactar a los tíos y finalmente se concretó la adquisición, que incluye a los 4 hermanos Paz Briones.

Un sueño hecho realidad. Ahora podré regresar a la casona y pasar en ella los últimos días de mi vida, justo ahí donde pasé los momentos más felices de mi infancia.

«Deléitate a ti mismo en Jehová y Él te concederá las peticiones de tu corazón». Cita que se encuentra en el libro de Los Salmos 37:4. ¡Cuánta verdad encierra este texto bíblico!

A la vez, considero que este hecho es una lección de vida: «Aquello que anhelamos con todo nuestro corazón es atraído hacia nosotros».

Actualmente la vieja casona está siendo remodelada y volverá a ser lo que siempre fue… una de las casas más lindas y emblemáticas del pueblo por toda la historia que encierra entre sus paredes de maderas preciosas.

Será acondicionada resaltando la trayectoria de la familia Paz-Madrid.

Descendientes de la familia Paz-Madrid

Los abuelos Paz-Madrid formaron una de las familias más numerosas del municipio de Concepción del Norte.

Sus hijos procrearon muchos nietos:

Por parte de tío Juan nacieron Vadim Paz Gorelov y Mijaíl Paz Gorelov.

El tío Eligio procreó a Aura María Paz Pineda, Ligia Celeste Paz Pineda, Eligio Paz Pineda, Selvin Laínez, Krizia Paz Cárcamo, Maynor Paz (Q. D. D. G.), Maykol Paz y Marshal Paz.

Los hijos de la tía Rosa son Isolina, Dina, Rosa María, Carlos Eligio, Rafael (Q. D. D. G.), Marna, Rocío y Claudia Liz Hernández Paz.

Hildegardo Paz engendró 4 hijos: Joyce Lidabel, Glenda Celeste, Hildegardo y Joel Eligio Paz Briones.

Ana Cecilia Paz Guillén, Yasmira Paz Barahona, Sonia Paz Castellanos, Céleo Francisco Paz Mancía, Ramón Francisco Paz Pineda, Esmeralda Celestina Paz Martínez, Eligia Paz Martínez, Regina Paz Martínez, Lizzie Paz Martínez y Rosa Daniela Guadalupe Paz Martínez son los hijos del tío Céleo.

Tía Celestina dio a luz a las mellizas Ana Celeste y Jennifer, y también a Lucas Joel, los tres con apellidos Maldonado Paz.

German Leonel Zavala Paz, Sondra Indiana Zavala Paz y Walleska Nohemí Zavala Paz son los hijos de la tía Nohemí.

Tío Ramón procreó a Marvin Paz Cruz, Óscar Enrique Paz Orellana, Daysi Nohemí Paz Gómez, Ramón Paz Gómez, Juan David Paz Gómez, Elena Paz Ferrufino y Esther Paz Ferrufino.

Mi tío Joel David procreó a Joel, Lilian, María Isabel, Joel Paz Gálvez y David Antonio Paz Gálvez.

Y el menor de sus hijos, tío Silas, procreó a Silas Elvin Paz Garay (D. E. P.), Harold, Arlen Celeste, Francisco Eduardo Paz Valladares —fallecido a las dos horas de nacido—, Maritza Lizeth Montoya, Astrid Michelle Maradiaga, Carmen Maradiaga y Elvin Daniel Paz.

En total somos 58 nietos los que formamos parte de esta hermosa familia y sobrevivimos 54.

La casa de mis abuelos maternos

Mis abuelos maternos

Francisco Briones y Edelmira Paredes

La casa de la carretera

Mi tiempo lo compartía entre las casas de mis abuelos. Los padres de mi mamá doña Edelmira Paredes y don Francisco Briones viven aún y mi vida a su lado también ha sido gratificante.

La abuela Edelmira nació el 1 de agosto de 1936 y el abuelo, el 3 de abril de 1926. La abuela cumplió 87 años y el abuelo 97.

La abuela Vila, como la llamamos, es de baja estatura, de piel trigueña, ojos café oscuro. Su pelo lo ha usado corto siempre. El abuelo Chico es alto, de piel curtida por el sol, fornido y de cabello café.

Los abuelos son padres de siete hijos, que por orden de nacimiento son Olga Argentina, Francisco, Daysi Sonia, Wilson, Dilia Margarita, Norma y Héctor Rolando. A la fecha, todos viven.

Recuerdo que mi madre siempre nos mandaba a mi hermana y a mí a visitarlos. Cada domingo antes de ir a la iglesia, nos vestía con la ropa más bonita y tomadas de la mano, nos íbamos por la orilla de la carretera, tal y como lo sugería nuestra madre, hasta llegar a su vieja casa de madera, montada sobre grandes piedras como cimiento. «Se van por la orilla de la carretera y no se sueltan de la mano», nos ordenaba.

Cuando llegábamos los abuelos se alegraban. Nos trasladábamos al jardín a mirar y oler las variedades de flores de la abuela, que las plantaba en improvisados floreros: una olla agujereada o alguna lata vacía de comida.

Una vez, la abuela Vila tenía una gallina con muchos pollitos, mi hermana cogió uno y lo metió al chorro de la llave. La tía Norma la vio y le quitó al indefenso animal, casi lo ahoga.

—¿Por qué mojaste el pollito? —le preguntó la tía.

—Es que lo estaba bañando —dijo la pequeña, provocando la risa de la tía.

Me explicó mi abuelo Francisco cómo su padre, don Juan Briones, cargó en sus hombros la madera con la que construyó esa casa.

Esta madera fue aserrada por Emeterio Paredes y su hijo Edmundo, apodados don Teyo y Mundo. «Se amarraba un trapo en la cabeza que le servía como sostén y así se ponía las vigas sobre su espalda. La madera la cargaba caminando desde Montañita, donde tenía una finca de café y ahí cortaba y aserraba los árboles de madera de color. A veces traía la madera en bestias», continúa el abuelo.

Poco a poco la construyó. Inició su construcción en la década de los años 1950. Para ello empleó madera de cedro, laurel y San Juan. Las piedras que sirven de base las arrastraron unos bueyes, porque eran muy pesadas. Una vez terminada, los bisabuelos Juan Crisóstomo Briones y Eliberta Madrid, acompañados de sus hijos, dejaron su casa en La Montañita y se trasladaron a vivir al pueblo. El bisabuelo era de baja estatura, trigueño, de escasa cabellera. Usaba un sombrero.

En 1970, el abuelo Chico pierde a su madre Eliberta Madrid. Muere a consecuencia del cáncer de matriz que la afectaba. Para esa fecha, mi madre estaba en los últimos meses de embarazo de mi hermana Joyce.

El bisabuelo Juan se esforzó tanto que con los años perdió la visión. Visitó a varios médicos aquí en Honduras, pero seguía igual.

—Fue hasta El Salvador a buscar medicina y no se curó nunca, gastó mucho dinero —lamenta mi abuelo—. Yo le compré la casa de la carretera y con ese dinero buscó medicina para la vista —enfatiza el abuelo Chico.

Buenas nuevas

Una noche mi madre nos despertó y nos tomó de la mano a mi hermana y a mí para llevarnos a la casa de los abuelos Vila y Chico. Mi madre estaba embarazada y ya tenía dolores de parto. Dormimos allí, en la mañana escuchamos el llanto de un bebé.

Mi hermana y yo pensábamos que era una niña la que había nacido, pero nuestra madre había dado a luz a un robusto varón.

Fuimos a ver y ahí estaba el recién nacido: era bello, de gran tamaño, de piel blanca, muy chinito, pues sus ojos eran pequeños, y tenía mucho cabello. Muy cachetón y pesado para acabar de nacer. Con el paso de los meses el bebé creció tanto que ya no lo podíamos cargar.

¡Había nacido mi hermano Galo! Era 17 de octubre de 1980. Imposible olvidar ese día. Mi abuela atendió a mi madre en las labores de parto. Siempre que se refiere al tema, menciona que mi hermano venía envuelto en una especie de manto blanco. Ella asegura que no todos los bebés nacen con eso, solo unos pocos, lo que significa que él es especial, que tendrá una buena vida.

Rápidamente mi abuela nos ayudó a bañarnos al aire libre junto a la pila. Nos vistió para irnos a la escuela, donde yo cursaba el primer grado de primaria y mi hermana el tercero. Recuerdo que nuestras faldas eran de un color verde oscuro y con muchos paletones. La camisa era blanca.

Fuimos corriendo a avisar a nuestro papá de que ya había nacido el bebé.

Cuando llegamos a su salón de clases, apresuradamente entramos y le contamos lo sucedido. Hasta sus estudiantes empezaron a aplaudir y a dar gritos de alegría al escuchar la noticia. Mi padre estaba tan contento que en el mismo momento regresamos a la casa de la abuela para ver al recién nacido.

Y es que no es para menos, la gran alegría de mi papá era porque el bebé era su primer hijo varón y nació el mismo día de su cumpleaños. Estaba tan contento con el bebé que dejó el vicio de emborracharse durante siete años. A partir del año siguiente celebraríamos dos cumpleaños a la vez. Y así lo hicimos por años, hasta que él se fue de la casa.

El último cumpleaños que celebramos juntos fue cuando Galito cumplió siete años. Mi madre encargó un pastel a Gloria Torres, la esposa de Lilio Morel. Lo partimos por la tarde antes de irnos para el colegio. ¡Qué feliz estaba mi hermano! Elmer le tomó varias fotografías al lado de nuestros padres y de un ternero con el que al niño le gustaba jugar.

Luego de que nuestro padre se marchó, el niño perdió su alegre sonrisa. Se le veía triste por los rincones de la casa. No quería socializar con otros niños. Se volvió tímido e inseguro.

Tiempos de separación

Los abuelos se dedicaban a varias labores. Habían comprado una finca de café en La Montañita, cerca de la propiedad del bisabuelo Juan, dicha propiedad era atendida por el abuelo Chico y sus hijos mayores.

Mi mamá, por ser la mayor de sus hijas, era la encargada de cuidar a los mozos que cortaban el café. Narra ella que, con solo 13 años, hacía todas las labores de la casa y alimentaba a más de 5 personas.

Con el paso de los años, mi madre formó su propia familia. Siempre iba a La Montañita y nos llevaba a mi hermana y a mí. Caminábamos y cruzábamos varios riachuelos montaña arriba. Ya en la propiedad del abuelo, nos permitía bañarnos en una poza que estaba junto a la casa. ¡Qué agua tan fría y cristalina! Solo nos bañábamos por un rato porque no aguantábamos el frío.

En el camino de regreso, el abuelo Chico nos acompañaba. Recogíamos copinoles y los partíamos en una piedra cerca de la quebrada de Morán. Comíamos el polvo de los copinoles y debíamos tomar agua del riachuelo para evitar atorarnos.

Al abuelo le gustaba mucho la bebida. Se perdía por días tomando y tomando sin parar. Un mal día, se embriagó y tuvo una riña con un compañero de tragos. La discusión fue acalorada, tanto que el hombre se abalanzó sobre el abuelo y le propinó una mordida en la cara, exactamente en el labio superior. Necesitó sutura. Aun después de este hecho, seguía en lo mismo. Gastaba grandes cantidades de dinero, lo que ocasionaba que no atendiera a sus hijos. Esta situación molestó y decepcionó a la abuela Vila y decidió separarse de él.

En una de tantas veces que se embriagó, se sobregiró y decidió vender la finca. José Paredes se la compró, pero el dinero lo malgastó rápidamente.

Ante la urgencia de generar ingresos, el abuelo cultivaba hortalizas como chiles dulces, tomates, rábanos y repollo, los cuales yo salía a vender. El abuelo tomaba un lavamanos grande y colocaba los productos pesados en libra, los echaba en unas bolsas usadas en las que había arroz o azúcar. Después me colocaba el lavamanos en la cadera y andaba por todo el pueblo. Regresaba hasta que vendía la última hortaliza.

Como el dinero que obtenía de la venta de las hortalizas no era suficiente, el abuelo se fue del pueblo. Vivió y trabajó como jornalero en varios lugares de Honduras, hasta en las Islas de la Bahía estuvo.

La abuela también hacía lo suyo. Le lavaba y planchaba la ropa a su prima Gloria Torres. Eran bultos enormes de ropa. ¡Bendita ropa! Una vez mi hermanito Galito estaba sentado sobre la mesa, mi madre lo estaba alimentando y, en un abrir y cerrar de ojos, se cayó. Pero la ropa sucia le amortiguó el golpe. Pasamos un gran susto.

A diario elaboraba panecillos como semitas, pan blanco, caballitos de dulce de rapadura y me enviaba a mí o a otro de sus nietos a venderlos. Con el pan envuelto en unos manteles y dentro de un lavamanos iniciaba el largo recorrido por el pueblo. Lo vendía todo. Le entregaba el dinero, la abuela Vila se alegraba y en el acto nos mandaba a comprar los ingredientes para elaborar pan al día siguiente.

Más aventuras

En los meses del corte de café, me amarraba una cesta en la cintura y cortaba el café de la finca que tenían los abuelos ahí en la casa de la carretera. Cuando se pasaba el tiempo del corte o llovía mucho, el café se caía al suelo y me tocaba recogerlo entre las hojas secas.

Era excitante bajar hasta los dos riachuelos que atraviesan el terreno de los abuelos. Ahí había muchos árboles frutales. Bajaba racimos de coyoles, los chupaba, los partía con una roca y me comía la parte blanca, sentada en una piedra y mojando mis pies con las transparentes aguas del arroyo.

Varias fueron las veces en las que me encontré con culebras. Ante tal evento, emprendía veloz carrera cuesta arriba, en busca de auxilio. Al oírme el abuelo, salía a mi encuentro con su machete en la mano.

Con tía Margarita o con mi primo Edenilson íbamos a atrapar sardinas y jutes, los cuales encontrábamos debajo de las hojas podridas o en los agujeros entre las piedras del riachuelo.

De regreso a la casa, freíamos las sardinas y preparábamos una sabrosa sopa de jutes a la que le añadíamos guineos verdes y hojas de juniapa. Luego de tomar sopa, iba a recoger mangos y torondones.

Y mi aventura preferida era subirme a una enorme roca blanca, desde la cual podía cortar unas jugosas naranjas que pelaba con la mano y me las comía en gajos. ¡Qué momentos tan inolvidables esos cuando el viento soplaba y alborotaba aún más mis enredados cabellos!

Siempre me pregunté cómo esa gran roca había llegado hasta ahí. Quizá se desprendió del Cerro del Viejo porque a lo largo de la carretera que conduce a Villanueva, Cortés, se pueden ver muchas piedras similares a la que está en la casa de la abuela Vila.

¡Cómo me complacía regar las hortalizas del abuelo! Tomaba la manguera y me paseaba en medio de los arriates regando las plantas de chile dulce, rábano y tomate.

Cuando llegaba el tiempo de la cosecha era una maravilla ver aquellos frutos tan grandes y apetitosos.

Como la casa de los abuelos Francisco y Edelmira está montada sobre unas grandes rocas, queda un espacio entre el suelo y el piso de madera. Justo allí, muy al fondo, las gallinas anidaban. Era mi tarea, extraer los huevos del lugar, arrastrándome por la tierra.

Me ensuciaba la ropa, pero lograba sacar los huevos. Y no solo eso traía. Las piedras que estaban mezcladas con la tierra me ocasionaban algunas heridas en mis brazos y piernas, también se me pegaban en la piel unos insectos que afectan a las gallinas, llamados piojillos…

¡Y cómo picaban! Debía bañarme inmediatamente para que se me quitara la comezón.

A veces eran tantos los huevos encontrados que, si había una gallina clueca, la abuela decidía empollarlos. Antes, alumbraba cada huevo a la luz de una vela, para ver si estaban aptos para empollar. Los tomaba por la parte ancha y los acercaba a la llama de la vela, tapando parte del huevo con la otra mano; si tenían una especie de corona en dicho sitio, reunían las condiciones requeridas para formar el futuro pollito. Acondicionaba como nido una cesta de las usadas para cortar café. Le colocaba tuzas de maíz o alguna pieza de tela sin uso. Y ponía ahí los huevos y luego a la gallina sobre ellos.

Pasados 21 días empezaban a nacer los pollitos, unos primero y otros después.

Como la casa está situada en una de las salidas del pueblo, el camino de regreso a mi casa era solitario. Si oscurecía y no había quien me acompañara, debía quedarme a dormir ahí, en la cama, junto a la abuela Vila.

¡Qué mal la pasaba si esa noche por casualidad llovía! Casi no dormía por el estruendo del Cerro del Viejo, que, al acumular mucha agua de lluvia, emitía un sonido como si se estuviera derrumbando y la casa está al pie de él. Las corrientes que bajaban por sus faldas eran muy fuertes, arrastraban todo a su paso.

Temía que el cerro cayera sobre la casa y nos aplastara a todos. Y es que en repetidas ocasiones he soñado que el cerro se derrumba y destruye la casa de los abuelos primeramente y luego todo el pueblo. En mi desesperación, sueño que corro y busco refugio en la casona.

Y después de la tormenta llegaba la calma… Amanecía y me iba para mi casa. Iniciaba un nuevo día, y no sé ni cómo, pero durante él, hacía de todo. Visitaba también a mis bisabuelos Atanacio Paredes y Juliana, padres de mi abuela Edelmira. Ellos vivían en una casa de paredes y piso de tierra.

Arriba de su hornilla, la bisabuela colocaba un palo atravesado y en él colgaba tiras de carne de venado. Al bisabuelo Nacho le gustaba ir de cacería con su escopeta. Ella salaba la carne y la dejaba ahí hasta que se secaba. Colgada allí, la carne se ahumaba, adquiría un sabor incomparable.

La bisabuela tomaba el asador, un alambre negro, firme, de mediano grosor y lo metía en la tira de carne. Introducía el alambre ya con la carne dentro del fogón, a un lado sobre las brasas, para que la carne se asara. Cuando la carne asada estaba lista el bisabuelo saboreaba la carne, era su plato favorito.

Mi bisabuela Juliana también preparaba ricos panes, tostaba y molía café. Iba a su casa a jugar con sus nietos Wilmer y Carlos, que la visitaban muy seguido. Lilian y Merlín Gustavo también nos acompañaban a jugar. Ellos son nietos de mi bisabuela, hijos de Estela. Merlín fue, además, mi compañero de escuela.

Jugábamos a las escondidas. Recogíamos muchos mangos y yuyubas de un árbol que estaba frente a la casa y desde donde podía ver la casona de mi abuela Tina. En ese viejo árbol, colocaban una hamaca, usando un costal y un lazo.

Ahí nos mecíamos hasta cansarnos. Cada vez que me mecía me agarraba fuerte del lazo para evitar caerme, porque debajo del árbol de yuyubas había muchas piedras incrustadas en la tierra y eran muy puntiagudas. Por esa razón no me atraía subirme a este árbol y también porque sus espinas me lastimaban.

Años más tarde, Joel Eligio no tuvo tanta suerte como yo y se cayó de la hamaca. Se estaba meciendo y alguien lo empujó muy fuerte. Se precipitó sobre las puntiagudas piedras y se hizo una gran herida en la cabeza. Hubo que llevarlo a San Pedro Sula para que lo atendieran por su estado de gravedad.

La bisabuela me pedía que fuera a recoger naranjas agrias para condimentar la carne de venado o para preparar refresco. Este árbol está frente a la ventana de la cocina de su casa. Y digo está, porque increíblemente todavía vive dicho árbol y sigue produciendo jugosas naranjas. Este árbol, a la fecha, ha sobrevivido más de 40 años.

Fue en la casa de mi bisabuela Juliana donde una tarde, la tía Francisca, más conocida como Pancha, con el permiso de mi mamá, pero sin el de mi papá, me abrió las orejas.

Tomó una vela, la encendió y comenzó a calentar una aguja que tenía una hebra de hilo. Limpió la aguja con un algodón mojado con alcohol. Luego la introdujo en cada una de mis orejas. ¡Ay, cuánto me dolió! Cortó la hebra y la amarró. Anduve varios días con esa hebra de hilo en mis orejas. ¡Me dolían mucho! Pero como quería usar aretes…

También aguantaba el dolor, no podía decir nada porque si me escuchaba mi papá, seguro discutiría con mi madre y eso lo tenía que evitar. Durante días anduve con mis orejas lastimadas, me dejaba el cabello suelto para que me las tapara, finalmente sanaron.

Malas noticias

Una mañana ocurrió una tragedia… El bisabuelo Nacho fue al Mal Paso, un terreno de su propiedad. Fue a deshierbar un frijolar y a traer leña. Debía regresar a desayunar, pero como no llegó, fueron a buscarlo.

Lo encontraron golpeado, malherido y tirado en el suelo. Había subido a un árbol a cortar unas ramas que le estaban haciendo sombra a las plantas de frijol. Lo trasladaron a un hospital donde estuvo unos días. Todos los esfuerzos por salvarle la vida fracasaron. El bisabuelo Nacho murió el 22 de julio de 1978 a los 67 años.

Confusas imágenes en mi memoria me recuerdan el día de su accidente y de su entierro. Solamente tenía cinco años. La abuela Juliana llevaba su cabeza envuelta y lloraba tristemente.

Varios años después de la muerte del bisabuelo Nacho, la bisabuela Juliana se fue del pueblo dejando a su hijo Nacho al cuidado de la casa.

Había algo que me asustaba en la casa de la abuela Vila… Mi bisabuelo Juan tenía guardado su ataúd en las vigas del techo y cada vez que entraba a su cuarto lo miraba.

Un día le pregunté:

—Abuelo, ¿y por qué tiene ese ataúd allí?

—Le dije a Chico que me comprara ese ataúd porque el día que me muera no quiero que anden a las carreras buscando uno —dijo el bisabuelo, acabando de masticar una raíz de jengibre. A mí me daba mucho miedo verlo ahí.

Mi abuelo Chico lo bañaba de vez en cuando porque al bisabuelo no le gustaba bañarse. Escuchaba sus gritos al sentir lo fría que estaba el agua.

—¿Por qué grita el abuelo Juan? —le pregunté a la abuela Vila.

—Es que Chico lo está bañando —me respondió.

—La concha conserva al tronco —decía el bisabuelo Juan, explicando la razón por la que no se bañaba con frecuencia.

¡Me entretenía mucho con mi bisabuelo! Como estaba ciego había que llevarlo y traerlo a todas partes de la casa. Varias veces lo hallé dando de palos, perdido en el patio, me daba mucho pesar verlo y, sobre todo, quería evitar que cayera finca abajo. Le agarraba el palo seco que le servía de bastón y lo jalaba para trasladarlo a donde él deseaba.

Todos los días lo encaminaba a la casa de su hijo Santos, quien vivía cruzando la carretera, justo frente a la casa de los abuelos. Ahí en algunas ocasiones me encontraba con Mauro, nieto del tío Santos y compañero de escuela. Por tener un lunar rojo en su mano y brazo le decíamos Mano Roja. El bisabuelo pasaba sentado en una banca alargada que habían instalado debajo de una gran palmera, la mayor parte del día permanecía ahí, mascando jengibre y tabaco. La abuela Vila se encargaba de cuidarlo, lo alimentaba y le lavaba la ropa.

Algo trágico sucedió con mi hermano Galito. Una tarde, habíamos barrido el patio, cuando vivíamos en una pequeña casa construida con tierra que estaba situada detrás de la vivienda del tío Céleo. Mi madre reunió la basura en un solo sitio y la quemó.

El niño estaba durmiendo, pero se despertó y salió al patio a jugar con una pelota. Todos lo estábamos viendo, de repente, la pelota cayó cerca de las cenizas de la basura que ya se había quemado, pero aún humeaba por los restos de plásticos derretidos.

El infante tropezó y cayó con sus manos dentro de las cenizas humeantes. Corrimos a recogerlo, pero ya estaba muy quemado. Lo llevamos al centro de salud, donde recibió atención médica. Lloró toda la noche por el dolor de las quemaduras, no dormimos. Estuvo varios días con sus manos lastimadas.

Con el correr de los días la salud del bisabuelo Juan decayó, hasta llevarlo a un estado de postración. Así murió el bisabuelo en 1985 a la edad de 104 años. Había nacido en 1881. Fue velado en su casa, la que con tanto trabajo construyó.

Paseando con mi abuela Vila

Con mi abuela Edelmira íbamos a pasear a San Pedro Sula. Nos levantábamos muy temprano en la mañana para tomar el autobús que paraba enfrente de su casa. Al autobús le decían la rana porque era de color verde. ¡Qué hermosura de paisajes contemplaba durante el viaje, extensiones de terreno cubiertas de árboles de pino y de roble!

Ya en la ciudad sampedrana, caminábamos por toda la Tercera Avenida en busca de tiendas que tuvieran los productos que andábamos queriendo comprar.

Fueron muchos los viajes que realizamos juntas. Hubo veces que llevábamos a vender el café que recogía de la finca.

Allá íbamos a visitar a su madre, mi bisabuela Juliana, que se había trasladado a esa ciudad y vivía con sus hijas Rosa y Marcela.

La abuela Vila aprovechaba el viaje para comprar zapatos o algún retazo de tela para mandar a confeccionar vestidos para estrenar en su cumpleaños o para las fiestas de fin de año. Yo también compraba con el dinero de la venta del café y de las golosinas que hacía.

Un día, quería comprar algunas cosas para llevarle a mis hermanos, pero mi abuela estaba ocupada y no me podía acompañar. Me fui para la ciudad de Choloma sin su permiso, compré lo que necesitaba y me fui para donde Marcela, que estudiaba corte y confección en esa ciudad. Al verme, se asustó porque llegué sola. Luego nos fuimos para la casa. Al llegar, mi abuela se sorprendió y me reprendió por haberme ido sin su permiso.

Para la feria patronal del pueblo organizaban fiestas bailables. La abuela Vila no se perdía ninguna y me pedía que la acompañara. Ambas buscábamos el vestido más bonito para lucir hermosas. Ya en el salón de baile la abuela buscaba un sitio para sentarse y allí se quedaba hasta que finalizaba la fiesta. Yo me sentaba a su lado. Su gusto era ver bailar a los bailarines, y el mío también. Al finalizar la fiesta nos íbamos para la casa de la carretera.

Mi bisabuela Juliana

Juliana, mi amorosa bisabuela materna

Mi bisabuela Juliana Madrid Valle nació en Concepción del Norte, el 7 de enero de 1920. A su lado pasé momentos que perdurarán en mi memoria. Su amorosa forma de ser era admirable. Su amor era incondicional, siempre lo demostró.

Era de tez trigueña, estatura baja, delgada, ojos y cabellos color café. Recogía su cabello con una trenza, tenía un lunar rojo en la cara, que le cubría casi todo el lado izquierdo. Le gustaba andar descalza y siempre vestía un delantal. Era una señora muy hacendosa, pues siempre estaba afanada en los oficios de la casa.

Dedicó su vida a la crianza de sus 8 hijos: Edelmira, Francisca, Elena, Estela, Rosa, Cecilio, Atanacio y Marcela. También crio a algunos nietos. Tal es el caso de los hijos de la tía Estela; ella murió después de dar a luz unos gemelos y la bisabuela quedó a cargo de ellos y de sus otros hijos. También le pidió a su hija Elena que se mudara para su casa con sus vástagos cuando el esposo murió.

La mayor parte de su vida la compartió con su hija Marcela, quien vivía en San Pedro Sula.

Como mi hermana y yo vivíamos en la misma ciudad, todos los domingos íbamos a verla. Cada cumpleaños lo celebramos en compañía de algunos de sus hijos, nietos y tataranietos.

Se alegraba mucho con la presencia de sus tataranietos: Joshua Daniel, mi sobrino y mis hijos, María Celeste y Héctor David.

De vez en cuando, visitaba a mi abuela Vila, en el pueblo. Se quedaba en la casa de su hija, porque la que era suya la vendió a uno de sus nietos. De la casa paredes y piso de tierra no queda nada, solo el recuerdo. Fue totalmente remodelada.

La salud de la abuela se estaba deteriorando. En varias ocasiones fue hospitalizada, pero se recuperaba y recaía. Tras permanecer en el hospital, mi admirable bisabuela muere el 17 de julio de 2014 a la edad de 94 años. Murió en su casa, al lado de su hija Marcela. Sus restos fueron trasladados al pueblo y velados en la casa de la abuela Vila. Su cuerpo yace al lado del bisabuelo Atanacio Paredes.

Paradójicamente estuvo hospitalizada en el mismo centro asistencial donde estuvo mi bisabuela María de Jesús Madrid y en la misma habitación.

Esta afirmación se debe a que el tío Eligio estuvo en ese mismo hospital cuando enfermó de muerte y me señaló la habitación donde había estado la abuela Jesús. Años después, cuando la bisabuela Juliana se agravó, la visité y le comenté de la estadía de mi otra bisabuela en la misma habitación. Se sorprendió mucho de tal situación.

De no haber sido trasladada a la casa de su hija Marcela un día antes de su muerte, hubiese fallecido en esa habitación donde también falleció mi bisabuela María de Jesús.

Descendientes de la familia Briones-Paredes

De los hijos de los abuelos Briones-Paredes todos cursaron la escuela primaria, solo la tía Margarita y la tía Daysi iniciaron estudios de educación media, pero no lograron terminar.

Todos ellos formaron su propia familia. Recuerdo cuando se casó la tía Margarita. Su boda se llevó a cabo en la casa de mi bisabuela Juliana. La novia vestía un lindo traje rosado y un llamativo sombrero blanco. La tía lucía muy hermosa con ese atuendo.

Sus nietos son, por parte de Olga Argentina: Joyce Lidabel, Glenda Celeste, Hildegardo y Joel Eligio Paz Briones.

Los hijos de tío Francisco Briones son Osman, Erick, Henry, Aarón, Kevin, Eduard, Zaira y Fabiola Briones-Fajardo.

Wilson René procreó a René Edenilson (D. E. P.), Yenny Arely, Ronald, Mairo y Yadira (D. E. P.), todos de apellidos Briones-Rivera.

Daysi Sonia es la madre de Bessy Roxana Briones, Dagoberto Briones (D. E. P.), Sonia Bautista Briones y Antonio Bautista Briones.

La tía Margarita dio a luz a Brenda Araceli, Evin y Yesenia Torres-Briones.

Los hijos de la tía Norma Judith son Robin, Wilmer, Claudia, Ariel e Ingrid Madrid-Briones

Son hijos del tío Héctor: Héctor Rolando, Rosibel, Joan, Abigael, Olvin y Rolando Briones-Hernández.

Son 35 los nietos de los abuelos Briones-Paredes, de los cuales sobreviven 32.

Bibliografía

1. Imagen de la casona y vista panorámica de Concepción del Norte, tomada de la página de Facebook de Lo bello de Concepción.

2. Familiares como Joyce Paz, Silas Paz, Céleo Paz, Ramón Paz, Rosa Paz, Hildegardo Paz, Lucas Maldonado, Francisco Briones, Marcela Paredes, Maira Torres, Yolanda Madrid, Margarita Briones y Martina Paredes proporcionaron fechas de algunos acontecimientos.

3. educo.org (https://www.educo.org) blog: La importancia de los abuelos en la vida de los niños y niñas.

4. Biblia RVR 1960.

5. Ubikare.io https://ubikare.io) blog.

6. Honduras en sus manos Geografía e Historia hondurasensusmanos.com

Conclusiones

Después de soñar innumerables veces con la casona y recordar los hermosos momentos que pasé en ella y en la casa de mis otros abuelos, me satisface sobremanera este escrito.

Escribí esta obra sentada frente a mi ventana, observando un árbol de ciruelas como el que estaba plantado frente al lavatrastos de la casona. Al igual que en aquel árbol, en este también puedo coger las frutas con las manos desde la segunda planta. El saboreo es como si estuviera allí, junto a ellos, al lado de mis inolvidables abuelos.

Veo el árbol y me remonto a los momentos donde lavaba los platos mientras la abuela hacía tortillas y hasta puedo sentir el aroma que producen mientras se cocinan.

Es como si cada recuerdo me trasladara hacia allá. Estoy lejos, autoexiliada económica, a miles de kilómetros de distancia, y han pasado más de cuarenta años desde mi estancia en la vieja casa, pero siento que el tiempo no ha transcurrido.

Sé que la convivencia con mis abuelos, durante muchos años de mi vida, no fue en vano; me siento complacida de haber estado al lado de cada uno de ellos, de poderles haber brindado mi amor, ayuda y mi compañía.

Indudablemente es maravillosa la vida al lado de los abuelos; conversar con ellos por largos momentos, atender y practicar sus sabios consejos es de incalculable valía, y tener la oportunidad de servirles cuando ellos más lo necesitan también lo es.

En sus páginas esta obra realza el amor, el respeto, la admiración y la entrega de una niña por sus abuelos y la ternura que ellos le prodigaban.

Redactar esta obra fue un honor y un sueño cumplido. Tras procrastinar por mucho tiempo, finalmente me decidí a iniciar y terminar de escribirla. Me tomó varios meses ir hilvanando cada fecha, evento y recuerdo agolpado en mi memoria.

Recordar me hizo volver a vivir, sentir y añorar el pasado. Me conduje nuevamente a mi feliz infancia al lado de mis abuelos.

Lo narrado sobre la muerte de mi padre fue escrito el 10 de julio de 2023, exactamente el mismo día del hecho, solo que 16 años después.

Esta coincidencia reavivó mi dolor ante su pérdida… Fue inevitable mi llanto.

Verdaderamente el dolor no pasa, solo se aprende a vivir con él y definitivamente no es una tarea fácil.

Estimado lector, espero haber cubierto sus expectativas y que haya sido placentera la lectura de este libro.

Quizá haya omitido algunos eventos y personas. De hacerlo, ha sido de forma no intencional.

Glosario

1. **Mortero**: recipiente hecho con un tronco de tamaño mediano. Es utilizado para quitarle la cáscara a algunos granos como el café y el arroz, con la ayuda de un mazo.
2. **Cutucos**: frutos que se usan para elaborar huacales.
3. **Morocas**: frutos similares a los bananos, solo que de mayor grosor y de menor tamaño.
4. **Urracos**: frutos de color café y de sabor dulce. Son de tamaño mediano y pesados.
5. **Verruga**: juego donde un niño corre para tocar a otro. Al que toca, le sigue el turno de perseguir a los demás.
6. **Pesa**: establecimiento acondicionado para destazar animales y vender su carne.
7. **Coyoles**: fruta exótica.
8. **Jutes**: una especie de caracol de riachuelo.
9. **Juniapa**: planta de hasta cinco metros de altura, de hojas acorazonadas en la base.
10. **Torondones**: fruta dulce de color morado.
11. **Alcitrón**: es un dulce cristalizado artesanal, elaborado en la ciudad de Siguatepeque, Honduras.

12. **Huele de noche**: flor blanca que por las noches despide olor agradable.

13. **Huacal**: recipiente que sirve como taza. Se utiliza para bebidas calientes y frías.

14. **Topogigio**: refresco de frutas o leche, congelado en pequeñas bolsas de plástico.

Acerca de la autora

Glenda Celeste Paz Briones nació el 14 de julio de 1973. Es la segunda hija de cuatro hermanos, del hogar formado por Olga Argentina Briones Paredes e Hildegardo Paz Madrid.

Cursó su Educación Primaria en la escuela Miguel Ángel Bueso y su ciclo común en el instituto Manuel Hernández Madrid, ambos centros educativos están ubicados en el municipio de Concepción del Norte, Santa Bárbara, Honduras.

En 1991 obtuvo el título de maestra de Educación Primaria en la Escuela Normal Mixta Pedro Nufio de Tegucigalpa, Honduras.

Durante 23 años trabajó como maestra de Educación Primaria impartiendo español, con inclinación a la ortografía, donde preparaba estudiantes para concursar en competencias en las que sus pupilos obtenían los primeros lugares.

Fue seleccionada en dos ocasiones como Maestra del Año en los centros de enseñanza donde laboró.

En el año 2006 en la Universidad Nacional Autónoma de Honduras UNAH, obtuvo el título de licenciada en Periodismo.

En la Universidad Pedagógica Francisco Morazán en el 2022 se gradúa con honores. Se hace acreedora al *cum laude* por excelencia académica. Además, recibe el título de licenciada en Educación Básica.

www.ingramcontent.com/pod-product-compliance
Lightning Source LLC
LaVergne TN
LVHW051216070526
838200LV00063B/4929